KB267428

타로 카드 실전 사용법

타로 카드 스프레드

[당그래]

타로카드 스프레드

칼리 지음
초   판 1쇄 발행일 2008년   1월 10일
초   판 6쇄 발행일 2022년   2월 25일

펴낸이 | 이 춘 호
편집인 | 이 지 현
펴낸곳 | 당그래출판사
출판등록 | 1989년 7월 7일(제301-2005-219호)
주소 | 100-250 서울시 중구 예장동 1-72
대표전화 | (02) 2272-6603
팩스번호 | (02) 2272-6604
homepage | www.dangre.co.kr
e-mail | dangre@dangre.co.kr

타로 카드 스프레드

서 문

왜
지금까지 타로카드 스프레드 책을 쓰지 않았느냐고 질문한다면
나는 지금까지 아무도 쓰지 않았기 때문이라고 답변할 것이다.
여러 가지 이유가 있지만 지금 이 순간까지도 한국에서
아무도 책을 쓰지 못했기 때문에 쓰기로 결정했고
누군가 책의 내용에 대해 농담하고 싶다면 그 전에
콜럼버스의 달걀에 대한 이야기를 기억해내야 할 것이다.
그러니,
더 좋은 책을 쓰실 수 있는 분들은 쓰시고 나서 말씀하시길.

이 책은 타로카드에 대한 기초를 알고 있는 분들을 위해 만들었다.
타로카드에 대해 전혀 모르는 분들은
「왕 초보 타로카드」, 「타로카드 길라잡이」 등을
먼저 읽고 사용해주시기 바란다.

Kali. 2008

CONTENTS

Obscurum per obscurius
어려운것을 더 어렵게 설명하기 - 라틴어 속담

아마 타로카드 스프레드를 가장 잘 설명해 주는 속담은 이것 말고는 없을 것이다. 어려운 것을 더 어렵게. 애매모호한 것을 애매모호한 것으로 해석하는 것. 그것이 바로 타로카드 스프레드이다.

타로카드 스프레드에 대해서

타로카드 스프레드의 역사는 타로카드의 발현과 함께 동시에 이루어졌다는 것이 정설이다. 플레잉 카드가 놀이법과 함께 만들어진 것처럼 타로카드 스프레드도 타로카드를 구성하는 방식과 함께 만들어진 것이다. 물론 타로카드의 발현시기에는 각자의 타로카드가 다른 방식의 사용방법을 가지고 있었다. 몇 번을 섞고 왕과 여왕이 합해지면 해석이 달라지던 때, 그 방식에 더해진 것이 스프레드(배열법)으로, 이 때부터 선택된 카드를 정해진 위치에 내려놓는 것이 되었다.

타로카드 스프레드의 모양에 대해서도 여러 가지 학설이 있다. 그중에서 가장 중요한 것은 타로카드의 22장이 0번을 제외한 21장을 7장씩 3개의 그룹으로 나누고. 하나를 인간. 또 하나를 정신(지혜. 법) 나머지 하나를 신. 으로 보았다는 학설이다. 3개의 그룹으로 나누는 방식에는 조금씩 차이가 있지만 카톨릭에서 보는 성부. 성자. 성신에서 왔다는 것은 달라지지 않는다.

이러한 사실에서 유추할 수 있는 것은 타로카드가 스프레드에 추구하는 것이 '조화' 라는 점이다. 타로를 만들었던 과거의 지식인들은 예언이라는 복잡한 과정에 더해져야 하는 섬세한 조화를 위해 스프레드를 사용했던 것이다. 그러니 모쪼록 이 예스러운 의식에 동참하실 때는 규칙을 지켜야 한다.

스프레드 사용에 유의할 점

● 스프레드는 '상징형' 과 '배열형' 으로 나뉘어 진다. 상징형은 상징의 모양에 맞추어 카드를 배열하는 것으로 언더카드나 추가 카드를 사용할 수가 없다. 상징에 어긋나기 때문이다. 배열형은 카드를 연속성 있게 나열하는 것으로 얼마든지 카드를 추가해 가며 사용할 수 있다.

● 스프레드는 '위치' 가 중요한 의미를 가진다. 사용자가 위치를 알지 못하면 스프레드는 아무런 의미를 가지지 못한다. 모르는 스프레드를 사용하는 것은 아무런 의미도 갖지 못한다는 뜻이다.

● 특별한 사용방식을 요구하는 스프레드는 그 방식에 따라야만 한다.

● 스프레드는 '순서' 에 따른 의미도 중요하다. 정확한 위치와 순서에 맞게 놓아야만 제대로 사용할 수 있는 것이다.

● 스프레드는 연습을 통해 능숙해 질 수 있다. 가능한 여러 번 연습 해 보고 실전에 돌입하면 좋다.

● 스프레드에 따라서는 카드를 해석하는 방식에도 차이가 있는 경우가 있다. 이 점을 꼭 기억하도록.

● 카드는 충분히 섞여야 한다. 질문하기 전에 섞거나 질문한 후에 섞거나 어느 쪽이든 괜찮지만 스프레드를 시작하기 전에는 꼭 카드를 섞어 주어야 한다.

이 책에서 스프레드를 설명하는 방식에 대해

● 이 책에서는 세 가지 또는 네 가지 타입으로 스프레드를 설명한다. 한 가지 스프레드와 한 번의 셔플을 통해 뽑은 카드를 애정운, 금전운, 직업+비지니스, 로 따로 따로 해석한다.

● 이 책에서는 질문을 통합하여 종류별로 해석하는 방식을 보여준다. 대부분의 질문자가 질문을 구체적으로 하는 방법을 모르기 때문에 종합적으로 해석하는 방식이 필요하다고 생각하기 때문이다.

● 이 책에서는 각 위치를 질문에 맞게 따로따로 변형시켜 해석한다. 같은 스프레드지만 주제에 맞게 위치의 설명을 맞춤하여 바꾸었다.

● 이 책에서는 일부 질문에만 사용할 수 있는 스프레드는 제외하였다. 다양한 스프레드의 방법과 함께 다양한 해석을 보여줄 수 있는 스프레드만을 소개하였다.

● 이 책에서는 다양한 해석의 예문를 위해. 에띨라. 베이직웨이트등. 여러 가지 카드를 혼용해서 사용하고 있다.

타로카드 스프레드

Pars pro toto
전체를 위한 일부분 –라틴어 속담–

원 카드에서 쓰리 카드까지는 인생이라는 커다란 부분에서 '질문'을 기준으로 커다란 전체 중에 속하는 작은 부분을 보여 주는 방식으로 진행된다. 질문의 종류와 내용에 따라 해석은 많은 차이를 보일 수 있다. 즉, 질문이 무엇보다 가장 중요하다는 것을 잊지 않기를.

원-카드 (One Card)

▶ 22장 메이저 아르카나 만으로도 가능하다.

▶ 보통 정역을 구분하지 않고 모두 반영해서 해석한다.

▶ 간단한 질문을 하거나 해석이 익숙하지 않을 때 사용한다.

▶ 질문을 할 때는 긍정문으로 질문한다.

원-카드로 할 수 있는 질문의 예제

원-카드의 질문은 주제를 한정지을 수 있어야 한다. 여러 가지 해석이 가능하기 때문이다. YES, NO 같은 단답식의 답변이 가능하도록 질문을 만들어야 한다.

원 카드의 금전운

▶ 돈이 들어올 것인가?

▶ 정확한 날짜에 필요한 돈이 조달될 것인가?

▶ 돈을 벌 수 있을까?

원 카드의 애정운

▶ 나를 사랑할까?

▶ 다른 사람을 사랑하나?

▶ 새로운 사람을 만나게 될까?

▶ 결혼을 할 수 있을까?

▶ 올해에는 결혼 상대자를 만날 수 있을까?

원 카드의 직업+비지니스

▶ 이 일이 무사히 진행될까?

▶ 이 일에 방해자는 없을까?

▶ 프로젝트가 실현 가능할까?

▶ 파트너로 삼아도 될까?

▶ 사업을 시작해도 될까?

▶ 직업을 얻게 될까?

▶ 이 직업이 나에게 어울릴까?

King of Sword : 역

사용 카드 : 베이직 웨이트 타로카드

그는 오른 손에 칼을 쥐고
그는 오른 발로 땅을 딛고
그의 오른쪽에도 절벽이. 그의 왼쪽에도 절벽이.

뒤집힌 왕의 카드는
끝날 때가 되었을지도 모른다고 경고하고 있다.

간단키워드 : 정당한 자신의 권력으로 명령을 하더라도 기준에서 벗어났다면 결과는 좋지 않을 것이다.

정: 당신에게 명령하는 사람, 하지만 그 명령이 모두 옳은 것은 아니다. 당신의 힘 또는 당신이 복종하고 있는 힘은 현재 옳지 못한 방향으로 가고 있다. 당신을(혹은 당신이) 휘두르는 명령은 힘과 권위를 바탕으로 한 것이다.

역: 잔인성. 사악함. 이 때문에 배신을 당할 수 있다.

금전운의 해석

▶ 질문 : 돈이 들어올 것인가?

예상외의 사건으로 인해 돈이 들어오지 않을 수 있다.

▶ 질문 : 정확한 날짜에 필요한 돈이 조달될 것인가?

이대로라면 불투명하다.

▶ 질문 : 돈을 벌 수 있을까?

당신의 판단의 잘못으로 결과가 좋지 못할 수 있다.

애정운의 해석

▶ 질문 : 나를 사랑할까?

그렇지 않을 수 있다.

▶ 질문 : 다른 사람을 사랑하나?

이게 사랑일까? 의심하고 있다.

▶ 질문 : 새로운 사람을 만나게 될까?

당신의 현재 행동대로라면 쉽지 않다.

▶ 질문 : 결혼을 할 수 있을까?

당신의 부모님이 받아들일 상대를 만나는 것은 쉽지 않다.

▶ 질문 : 올해에는 결혼 상대자를 만날 수 있을까?

예상대로 진행되지는 않을 것이다.

타로카드 스프레드

직업+비지니스의 해석

▶ 질문: 이 일이 무사히 진행될까?

배신자에 주의하라

▶ 질문: 이 일에 방해자는 없을까?

예상외의 방해자가 존재한다.

▶ 질문: 프로젝트가 실현 가능할까?

실현가능하지만 문제점은 존재한다.

▶ 질문: 파트너로 삼아도 될까?

그 사람을 진짜 믿는가? 배신하지 않을 거라고 생각하는가?

▶ 질문: 사업을 시작해도 될까?

상황을 판단하는 것이 중요하다. 지금은 지원군이 부족하다.

▶ 질문: 직업을 얻게 될까?

당신 주변의 사람들이 모두 직업을 얻었다는데 좌절감을 느껴 질문 했다면 당신이 그만큼의 가치를 지녔는지 곰곰이 생각해 보라. 아직 당신은 부족하다.

▶ 질문: 이 직업이 나에게 어울릴까?

당신에게 어울릴 수 있다. 그러나 남에게 의지할 생각은 버리는 것이 좋다.

Daily Realing

♡ 데일리 리딩의 여러 가지 방법 중

이것은 객관적으로 타인의 입장에서 보는 것이다.

오늘 생각해야 할 중요한 선택의 기준은 당신의 행동이 남 보기에 부끄럽지 않은가? 하는 스스로에 대한 통찰이다. 당신이 영화 속에나 나오는 지구에 혼자 살아남은 사람이 아니라면 사회에서 살아나가야 한다. 그러기 위해서는 '타인'을 삶의 기준으로 삼아서는 안 된다. 내 스스로 자신에게 엄격해져야 한다. 모든 문제의 근원에는 당신의 마음이 존재한다. 당신의 그 언젠가의 선택이 지금 그 결과를 보여주는 것이다. 지금의 선택은 또 언젠가 당신에게 결과를 보여주게 될 것이다. 오늘의 당신의 선택은 무엇인가?

♡ 데일리 리딩의 여러 가지 방법 중

이것은 내 자신에게 스스로 질문하는 것이다.

잔인성. 사악함. 배신에서 유추할 수 있는 것은 무엇인가? 트러블. 인간관계에서의 실망. 나의 잔인성에 관한 이야기는 아닐까? 내가 누군가를 배신할 만한 상황에 놓여있는 것은 아닐까? 나의 외로움이 힘을 가졌으나 아무도 곁에 없는 King of Sword(검의 왕)으로 나타난 것은 아닐까?

오늘 주의해야 할 것은 '판단'. 사람을 한번에 판단하거나 선입견을 갖지 않도록 하고 의견을 말할 때 직설적으로 말하지 않도록 해야 한다. 누군가 나에게 실수하더라도 오늘 하루는 바로 꼬치꼬치 화내지 말고 뒤돌아서 생각해 본 다음 결정하도록 하자. 싸워서 내가 이길 수는 있겠지만 이겨봤자 무슨 소용이 있겠는가? 다시는 안볼 사람이 아니라면 싸움은 결국 장기적으로 나에게 손해가 돌아 올 수 있는 방식이니까.

타로카드 스프레드

◆ **원 카드의 핵심**

원 카드의 핵심은 질문에 대한 명확한 해답이다. 질문을 얼마나 명확하게 하느냐에 따라 해답이 달라지는 타로카드의 배열과 해석에서 원 카드는 그 방식의 요점을 보여준다.

♥ **원 카드의 문제점**

원 카드는 극단적이다. 때문에 질문의 방식이 잘못되었거나 여러 키워드 중 잘못된 키워드를 선택하면 해답을 얻는 데는 실패하게 된다.

♥ **원 카드의 장점**

간단하고 명확하고 확실하다. 애매모호하지도 않고 선택에 있어서의 조언을 원한다면 가장 훌륭한 스프레드 방법.

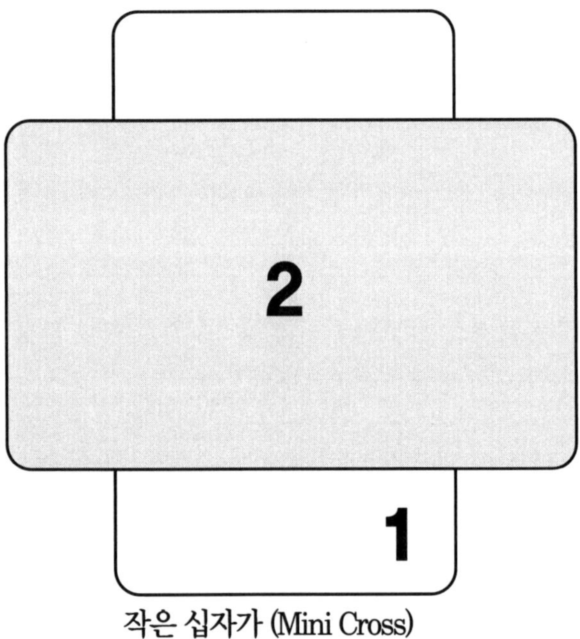

작은 십자가 (Mini Cross)

▶ 22장 메이저 아르카나 만으로도 가능하다.

▶ 정역을 구분하는 카드의 경우 구분된다.

Spread info : 스프레드 설명

아래에 놓인 카드 (세로): 나.
문제의 핵심, 질문의 요점, 해석에 중심이 되는 원인

위에 놓인 카드 (가로): 내가 짊어져야 하는 것
문제의 해결을 위해 이겨내야 하는 것. 질문자의 목표를 위한 과제. 마지막으로 질문자의 방해물.

미니 크로스는 내가 삶에 있어 책임져야 하고 짊어져야 하는 것들을 바탕으로 문제를 찾아나가는 스프레드. 나 자신, 그리고 내가 짊어진 나를 방해하는 것들, 내가 미련을 가지고 있는 것들에 대해 알아볼 수 있다.

작은
십자가

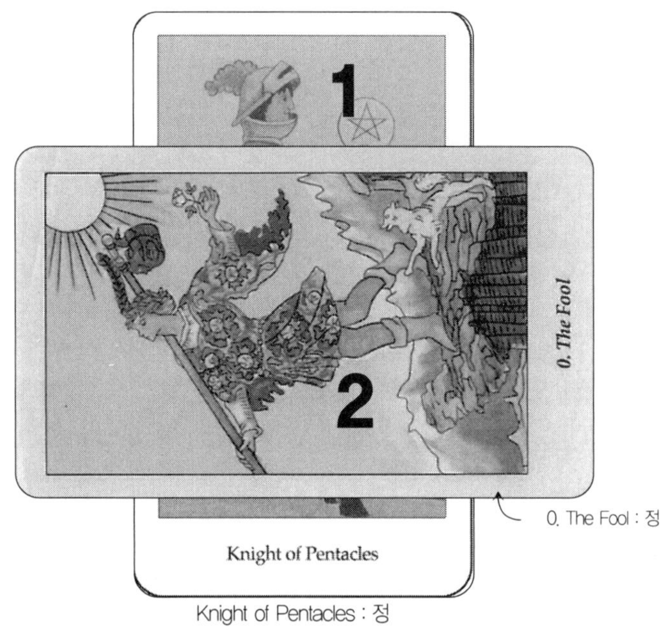

0. The Fool : 정

Knight of Pentacles : 정

사용 카드 : 베이직 웨이트 타로 카드

건너야 할 산 앞에서 망설이는 기사는
결국 어떠한 선택도 할 수 없을지도 모른다.

소년은 세계의 완성을 마치고 다시 한번 여정의 길을 떠난다.

결국 세상에서는 똑같은 일이 반복한다.

당신도 같은 일을 반복한다.

아래에 놓인 카드 (세로): 나.

간단키워드 : 신용 있고 성실하지만 재빠르지는 않은.

정: 의무를 지킬 줄 아는, 속도가 빠르지는 않지만 확실하고 안전한, 책임과 의무를 다하는 사람.

위에 놓인 카드 (가로): 내가 짊어져야 하는 것

간단키워드 : 절제한다면 미래로, 절제하지 못한다면 나락으로 향한다.

정: 자신만이 아니라 주변사람들까지 뒤흔든다. 한곳에 빠지면 정신을 차리지 못하는 사람, 미친 듯이 행동하다, 상황을 가리지 않고 화를 내다, 금전적으로 불안정한.

미니 크로스로 금전 운에 대해 질문했을 때

▶ (아래) 금전적으로 문제가 없는가 ?
문제는 없다.
▶ (위) 문제가 있다면 그 문제는 무엇인가?
문제는 당신이 절제하지 못한다는 데 있다.

종합적인 해석:

당신의 카드는 펜타클의 기사로, 당신의 신용도는 나쁘지 않다. 당신을
방해하는 카드는 소년(또는 바보)로 당신의 문제가 절제하지 못하는 데
있다고 말하고 있다. 당신은 충실하게 직장생활을 해나가는 사람이지만
신용카드의 사용은 그리 권장하고 싶지 않다. 당신은 기분에 따라 돈을
쓰는 사람이며 그것이 과할 때가 많다. 그러니 신용카드만 없애더라도 당
신의 문제는 차츰 줄어들게 될 것이다.

미니 크로스로 애정 운에 대해 질문 했을 때

▶ (아래) 애정 운은 어떠한가 ?
당신은 애정을 위해 뛰어다니고 있지 않다.
▶ (위) 애정의 장애물은 무엇인가 ?
당신은 변덕스럽다.

종합적인 해석:

당신의 카드는 펜타클의 기사로, 당신의 연애 스타일은 새로운 사람을
만나기 위해 뛰어다니는 사람은 아니다. 억지로 새로운 사람을 만나는 것

타로카드 스프레드

보다 우연한 만남이 좋다. 당신을 방해하는 것은 소년(또는 바보)카드로 당신의 문제는 당신의 스토커 기질이다. 한번 빠지면 물불을 안 가리는 당신의 성격. 기분이 하루에도 열 두 번씩 바뀌는 당신을 이해할 수 있는 남자는 그리 많지 않다. 덕분에 영원한 사랑을 꿈꾸는 오래가지 못한다. 사랑한다고 상대방의 모든 것을 알아야 하는 것은 아니다.

미니 크로스로 직업+비지니스에 대해 질문했을 때

▶ (아래) 직업+비지니스운은 어떠한가 ?
꾸준히 인내심 있게 진행하고 있다.
▶ (위) 장애물은 무엇인가 ?
새로운 것을 만났을 때 흔들리는 경우가 많다.

종합적인 해석:

당신의 카드는 펜타클의 기사로, 당신은 꾸준히 천천히 이루어가는 사람이다. 당신을 방해하는 것은 소년(또는 바보)카드로 새로운 것을 볼 때마다 흔들리는 당신은 하던 일을 제치고 새로운 일에 빠져든다. 문제는 당신이 물귀신 같아서 혼자 빠지는 것이 아니라 주변사람까지 모두 혼란에 빠트린다는데 있다. 익숙한 것을 버리지 못하는 당신. 하던 일은 하면서 새로운 일을 하는 것은 그냥 새로운 일만 하는 것보다 더 어렵다. 예전 일을 꾸준히 하던가. 아니면 그 일을 그만 두고 새로운 일을 해야 한다. 양다리는 어떤 상황에서나 불리하다.

Reading

♡ 미니크로스의 종합적인 해석

가장 큰 문제는 당신의 조바심. 처음부터 돌다리도 두들기며 건너고 있었다면 뒤늦게 달린다고 해도 남들보다 빨리 결승선에 도착할 수 있는 것은 아니다. 당신은 어차피 달리는 사람이 아니니까 마이페이스 잊지 마시라. 뒤늦게 배운 도둑질이 더 무섭다는 말이 있다. 괜히 남 따라하다가 당신의 꼼꼼함 마저 잃어버릴 수 있다. 해보지 않았기 때문에 달려보지 않았기 때문에 결과는 보장할 수 없다. 그런 행동을 하는 당신을 주변에서 이상하게 생각할 지도 모른다. 성급하게 행동하지 말고 기분에 따라 행동하지 말고. 남 따라 하지 말고 마이페이스. 잊지 마시길.

▶ 미니크로스는 원인과 결과를 간략하게 보여주는 스프레드 해석의 방향이 다양하다.

▶ 타로카드 스프레드의 의미는 3장부터 시작되는데 미니크로스는 연습용 스프레드로 다른 스프레드를 사용할 때 추가 카드를 미니크로스로 뽑아 부연 설명을 하면 해석에 도움이 될 수 있다.

♦ 미니 크로스의 핵심

딱 두장으로 보기 때문에 원인과 결과. 과거와 미래. 불분명한 주석을 제외하고 해석할 수 있는 장점이 있다.

♥ 미니 크로스의 문제점

미니 크로스는 배경에 대해 설명해 주지 않다. 따라서 왜 이러한 카드가 나왔는지 알 고 싶으면 다시 카드를 펼쳐야 한다.

♥ 미니 크로스의 장점

이미 알고 있는 현재를 제외한 원인과 결과를 보여주기 때문에 빠른 해석이 가능하다. 질문자를 전혀 모를 때나 질문자가 현재에 대해 답변해 주지 않을 때도 충분한 예측이 가능하다. 비협조적인 질문자를 만났을 때 질문 전에 미리 펼쳐 탐색전에 활용하도록.

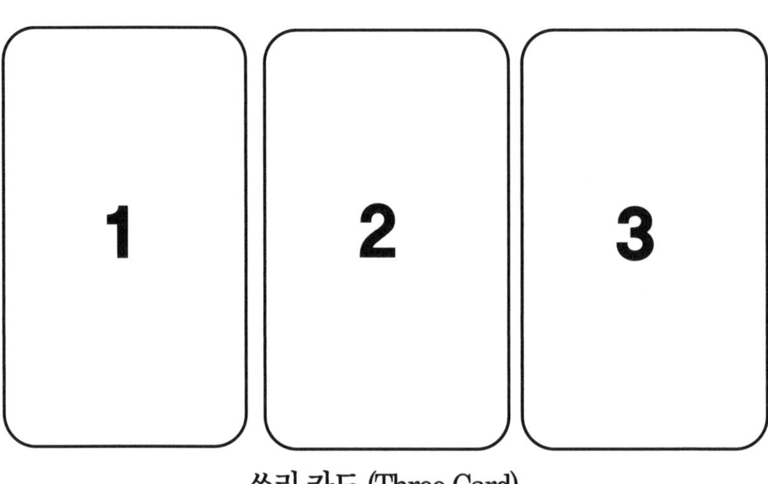

쓰리 카드 (Three Card)

▶ 22장 메이저 아르카나 만으로도 가능하다.

▶ 정 · 역을 구분하는 카드의 경우 구분한다.

첫 번째 놓인 카드 : 과거 (원인)
과거의 행동, 과거의 잘못, 과거의 노력, 과거의 직업

두 번째 놓인 카드 : 현재 (현재 상태)
현재의 금전. 현재의 애정. 현재의 직업. 현재의 마음

세 번째 놓인 카드 : 미래 (결과의 예상)
현재의 행동이 변하지 않는다고 가정했을 때 미래의 모습.

쓰리 카드 스프레드는 가장 보편적으로 사용되고 있는 스프레드이다. 다양한 방법으로 사용할 수 있기 때문에 기본적인 과거-현재-미래형방식의 예언이 가능하고 그 외에도 여러 가지로 활용되고 있다. 이 책에서는 과거-현재-미래형을 예문과 함께 살펴보고 다른 방식은 어떤 것이 있는지 소개하겠다.

쓰리카드

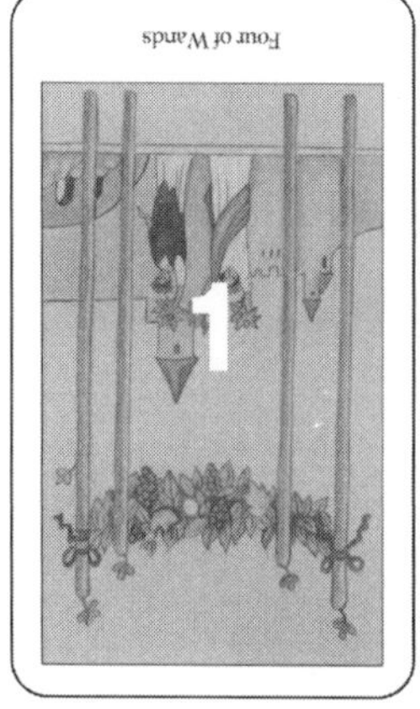

Four of Wands:역   Three of Cups:정   Five of Cups :정

사용 카드 : 베이직 웨이트 타로카드

과거의 기틀은 사라지고 현재의 자아는 독립되었다.

당신이 포기한 것을 후회하게 된다고 하더라도 되돌릴 수 없다.

포기하더라도 당신에게는 아직 많은 것이 남아 있다.

과거(원인)

간단키워드 : 집으로 돌아가라. 집에는 당신이 원하는 모든 것이 있다.

역: 흔들리지 않는 마음을 가지고 있다면 당신이 추억하는 안락한 집으로 되돌아가게 될 것이다. 과거에 당신이 가졌던 것을 되돌려 받게 되다.

현재(현재상태)

간단키워드 : 모두가 축하할 만한 일이 생기다, 여행의 기회가 생길 수 있다.

정: 여행을 떠나다, 목적지에 도착하다.

미래(결과의 예상)

간단키워드 : 손실, 하지만 모든 것을 잃은 것은 아니다.

정: 가진 것을 잃다, 모든 것을 잃지는 않았지만 이번에 얻게 되는 것은 잃지 않도록 주의하라, 약혼자를 강탈당하거나 약혼자의 비리를 알게 되다.

쓰리 카드로 금전 운에 대해 질문 했을 때

▶ 과거의 금전 상태는 어떠한가.
과거를 회상하는 당신이 보기에는 그때가 좋았다고 생각한다.
▶ 현재의 금전 상태는 어떠한가.
현재는 푸른 신호등이 켜진 상태. 좋은 상태이다.
▶ 미래의 금전 전망은 어떠한가.
손실에 대한 예상.

종합적인 해석:
　당신은 부족하다고 느낄지 몰라도 과거에도 현재에도 당신의 금전운은 그리 나쁘지 않다. 당신은 돈을 벌어야 할 필요성을 느끼고 있지 못할 수도 있다. 그러나 미래의 예상은 당신이 긴장해야 한다고 예언하고 있다. 당신이 이대로 현재의 상태를 즐기느라 모두 써버린다면 미래에 당신은 후회하게 될지도 모른다.

쓰리 카드로 애정 운에 대해 질문 했을 때

▶ 과거의 애정운은 어떠한가.
애인이 있었거나 혹은 부족함을 느끼지 못하는 상태.
▶ 현재의 애정 상태는 어떠한가.
새로 애인이 생겼거나 만족하는 상태. 프로포즈를 받았을 수도 있다.
▶ 미래의 전망은 어떠한가.
현재의 상태가 지속되지 않을 가능성이 있다.

과거에도 현재에도 당신의 애정운은 좋은 상태이다. 문제는 미래에 있다. 현재의 상태가 유지되지 않고 장애물이 발생할 가능성이 높다. 그 이유는 당신이 항상 예전이 더 좋았다는 생각을 하거나 과거의 상대와 현재의 상대를 비교하기 때문일 수 있다. 그런 식의 행동의 결과는 좋을 수 없다. 현재에 만족하고 현재에 충실한 모습을 상대방에게 보인다면 미래의 결과는 달라질 것이다.

쓰리 카드로 직업+비지니스 운에 대해 질문 했을 때

▶ 과거의 직업+비지니스는 어떠했는가.
충분하지는 않으나 부족하지는 않았다.
▶ 현재의 상태는 어떠한가.
아주 좋다.
▶ 미래의 전망은 어떠한가.
손실의 가능성이 있다.

종합적인 해석:

카드로 보아 당신은 부모 또는 친척의 사업에 관여했을 가능성이 높다. 현재는 독립을 하거나 인정받은 상태이다. 문제는 당신이 이대로라면 발전할 수 없다는데 있다. 그것이 손실이다. 당신은 충분한 바탕을 가지고 있고 앞으로 나아간다면 충분한 것을 손에 쥘 수 있다. 그러나 지금 주저앉는다면 이이상의 것은 바랄 수 없고 예전에 좀 노력할 걸 하는 후회의 시기가 당신에게 다가올지 모른다. 그러니 더 노력하라. 주어진 것을 그냥 쓰기만 하는 것은 낭비이다.

Reading

♡ 쓰리 카드의 종합적인 해석

어쩌면 고민하고 있을지도 모른다. 지금 하고 있는 일이 적성에 맞을까. 아니면 전망이 좋을까. 지금 사귀고 있는 사람이 내 사람이 맞을까. 예전 그 사람이 내 사람이었던 것은 아닐까. 그것도 아니면 이렇게 고생하느니 그냥 집에 돌아갈까. 당신의 고민의 해답은 원점으로 돌아가는 것이다. 선택의 그 순간으로 돌아가는 것. 물론 시간을 되돌릴 수는 없다. 지나간 시간만큼 당신은 포기해야한다. 그것이 되돌리기 위해 지불해야 하는 대가이기에. 되돌려서 얻는 것과 지금 이대로 앞으로 계속 달려 나가 얻는 것. 둘 중 어느 것이 좋을 지는 아무도 알 수 없다. 하지만 당신이 계속 앞을 보지 않고 자꾸 뒤를 돌아본다면 어차피 원하는 것을 얻기는 어려울 것이다. 미련을 버릴 수 없다면 되돌아 가라. 나중에 후회하더라도 말이다.

타로카드 스프레드

◆ 쓰리 카드의 핵심

세 장은 가장 중요한 현재의 상태를 설명할 수 있는 과거, 그리고 현재, 마지막으로 예상할 수 있는 미래를 뜻한다. 이것은 질문자가 상세한 정보를 제공할 수 없을 때도 미래를 유추할 수 있게 한다.

♥ 쓰리 카드의 문제점

예상할 수는 있지만 정확하지는 않다. 3카드는 여러 가지 방향을 한꺼번에 제시할 수 있다. 때문에 질문자에게 3 카드를 이해시키기 위해서는 여러 가능성을 모두 설명해야 한다.

♥ 쓰리 카드의 장점

현재를 통해서 발생할 수 있는 과거에 대한 것이라면 확실한 적중력을 발휘한다. 과거로 거슬러 올라가기 위한 것이라면 3장의 카드는 어떤 카드보다 명확하다. 가장 중요한 것이 현재 상태의 원인을 파악하는 것일 때. 3카드는 중요한 모든 것을 보여줄 수 있다.

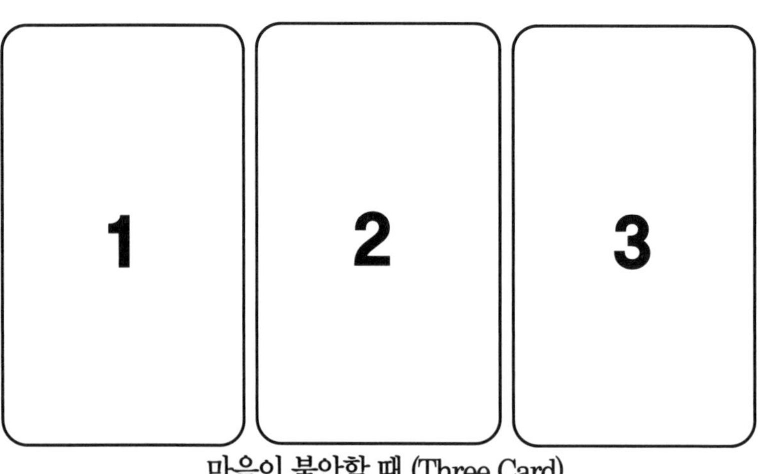

마음이 불안할 때 (Three Card)

▶ 현재의 정신적인 문제를 다루는 스프레드.

▶ 타인의 문제를 볼 때 질문자와 리더가 아는 사람일 경우
두 번째 카드가 리더의 입장일 수 있다.

▶ 여러 번 볼 경우 결과가 그때마다 달라질 수 있다.

타로카드 스프레드

Spread info : 스프레드 설명

첫 번째 놓인 카드 : 자신의 마음가짐과 상태.
(주변에 대해 내가 느끼는 점)
불안감을 느끼는 원인

두 번째 놓인 카드 : 주변에서 나를 보는 시각.
(이를 통해서 주변에서 나를 보는 시각이 긍정적인가 부정적인가 확인
할 수 있다)
당신을 불안하게 하는 주변상황.

세 번째 놓인 카드 : 내가 받아들여야 하는 근접한 미래의 상황
(결과)
불안이 현실화 되었을 때의 미래.

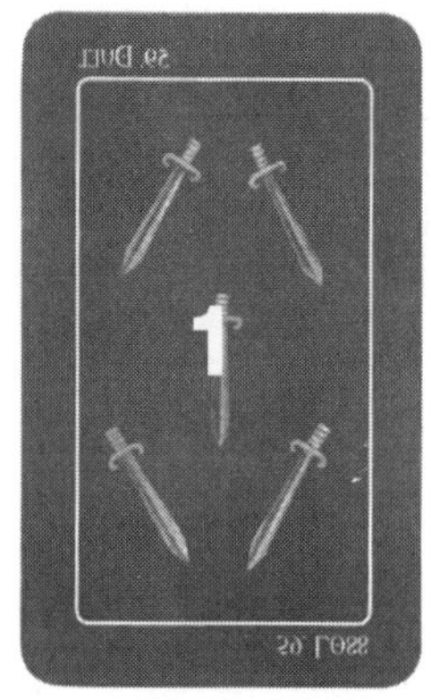

59 DUEL : 역

3 PURPOSE : 정

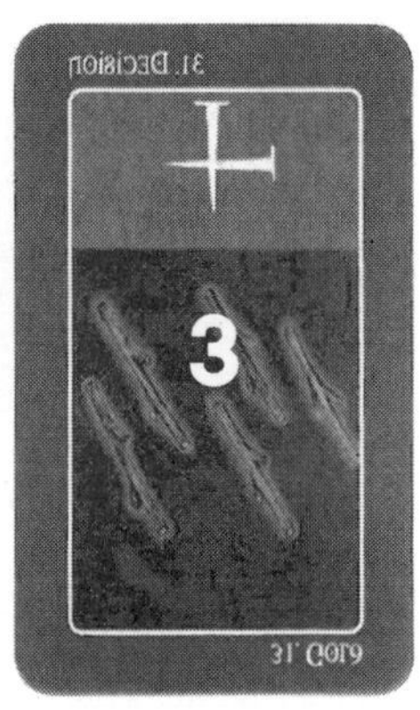

31 DECISION :역

사용카드 : 에띨라 타로카드

마지막 다섯 번째의 칼이 어느 곳을 향할 지 당신은 알 수 없다.

언제나 변화하는 달은 당신의 행운의 별을 가리고 있다.

당신의 미래에도 주변상황에 잡혀 아무것도 선택할 수 없을지도 모른다.

반복되는 상황에 지쳐버린다면 영원히 같은 일이 반복될 것이다.

자신의 마음가짐과 상태 (주변에 대해 내가 느끼는 점)

59 DUEL : 역

결투 : 이것은 당신과 당신의 경쟁자에 관한 카드이다. 당신의 경쟁자가 때를 기다리고 있었다면 당신은 피해갈 수 없다. 겨루어야 한다. 이 카드는 항상 선의의 결투를 말한다. 당신에게도 좋은 경험이 될 것이다. 승패의 여부와는 관련이 없다. 승패의 여부가 궁금하다면 섞여져 있는 카드 무더기의 가장 아래의 카드를 펼쳐 볼 것.

주변에서 나를 보는 시각

3 PURPOSE : 정

목적하다. 결심하다 : 이 카드는 질문에 있어 YES도 NO도 아닌 중립적인 카드이다. 이것은 당신이 아직 선택하기에는 이른 상황임을 말하고 있으며 선택하기 전에 당신의 목적과 실현의지에 대해서 다시 한 번 고려해야 할 때임을 말하고 있다.

31 DECISION : 역

결단력 (대부분은 시험 당하다): 이 카드는 예수의 마지막 유혹을 보여준다. 십자가에 매달린 예수는 죽기 전에 마지막 유혹을 견뎌냈다. 그리고 그는 그 시험을 이겨냈다. 당신도 이겨낼 수 있다. 달콤한 유혹에 속지 않도록 주의한다면 좋은 결과를 볼 수 있을 것이다.

TIP

3- Card Reading 은 다음과 같이 문장으로 완성될 수 있다.

당신이 저지른 (   )가 지금 (   )해야하는 상황을 만들었으며 이대로 있다가는 (   )게 될 것이다.

당신이 과거에 쌓아둔(   )한 노력이 지금 (   )한 기회를 만들었으며 이대로 노력하면 (   )게 될 것이다.

당신의 (   )는 이제 (   )한 현실로 다가 왔다.
 미래는 당신에게 (   )한 모습을 보여 줄 것이다.

마음이 불안할 때 카드로 금전 운에 대해 질문 했을 때

▶ 당신은 왜 금전에 대해 불안하게 생각하는가?

당신은 경쟁자에 대해 걱정하고 있다.

▶ 주변에서는 당신의 금전상태를 어떻게 생각하는가?

주변에서는 현재의 상황을 심각하게 생각하고 있지 않다.

▶ 이대로라면 가까운 미래에 어떠한 금전상태에 놓일 것인가?

지금은 아무렇지도 않게 생각할지 몰라도 결정을 내려야할 상황에 놓일 것이다.

종합적인 해석:

당신의 문제는 스스로의 능력과 힘을 잘 모른다는데 있다. 당신말고 다른 사람들은 훨씬 더 노력하고 있다는 사실을 알고 있기 때문에 당신은 걱정하고 있지만 그렇다고는 해도 딱히 대책을 세우거나 일을 더 열심히 하는 노력을 하고 있지 않다. 게다가 당신은 충분한 금전을 가졌기 때문에 주변에서는 당신의 걱정을 심각하게 받아들이지 않고 있다. 당신의 걱정대로 언젠가는 당신 스스로가 혼자 해내야 하는 상황이 도래할 것이다. 그 시기가 멀지 않았다.

마음이 불안할 때 카드로 애정 운에 대해 질문 했을 때

▶ 당신은 현재 애정운에 대해 왜 불안감을 느끼는가?

당신은 당신의 상대자가 또 다른 애인이 생겼다고 생각하고 있을지도 모른다.

▶ 주변에서는 당신의 애정에 대해 어떻게 생각하는가?

주변에서는 당신이 드디어 임자를 만났구나. 라고 생각하는 중이다.

▶ 이대로라면 가까운 미래에 당신은 애정 문제에 있어서 어떤 상태에 놓일 것인가?

당신은 상대자를 포기할 것인가. 계속 관계를 지속할 것인가를 결정해야 할 것이다.

종합해석:

당신은 지금 상대자(또는 배우자)를 의심하고 있다. 다른 사람이 생겼을지 모른다는 당신의 생각이 옳을지도 모른다. 주변에서는 당신의 그런 행동이 당신의 상대자에 대한 애정의 크기라고 생각해 심각하게 받아들이고 있지 않지만 당신은 지금 느끼고 있다. 어쩌면 길지 않은 기간 안에 의심이 현실로 밝혀질 수 있다는 것을. 그러나 상대자를 그냥 포기하기에는 당신의 사랑의 크기가 너무 크다.

마음이 불안할 때 카드로 직업+비지니스 운에 대해 질문 했을 때

▶ 당신의 직업+비지니스에 왜 불안감을 느끼는가?
경쟁자가 원래 있었거나. 새로운 경쟁자가 출현했기 때문이다.
▶ 주변에서는 당신의 직업+비지니스에 대해 어떻게 생각하는가?
판단하기에는 이르지만 나쁘지 않은 직업또는 비지니스라고 생각하고 있다.
▶ 가까운 미래의 직업+비지니스의 상황은 어떠한가?
이직. 전직의 제안을 받을 가능성이 있다.

종합해석:
이 카드는 종합적으로 두 가지로 해석될 수 있다.

▶ 현재 직업이 있는 경우
당신은 경쟁자의 등장으로 초초한 상태. 주변의 조언을 구해보지만 주변에서는 당신이 아직 충분한 시간을 투자하지 않은 상태라고 생각하기 때문에 더 노력해 보라는 입장이다. 당신은 아직 이것에 평생을 걸 자신이 없다. 그래서 유혹에 넘어가기 쉽다. 그러나 결단력이 필요하다는 말은 현재의 것이 그만큼 나쁘지 않다는 뜻이기도 하다.

▶ 현재 직업이 없는 경우
당신은 직업구하기 전선에서 경쟁자들을 이기려고 열심히 노력하고 있다. 당신이 원하는 직업에 대한 주변의 평가와 전망은 나쁘지 않지만 그 자리를 얻기가 쉽지는 않은 것으로 보인다. 당신이 가진 재능으로 할 수 있는 또 다른 일을 찾을 수 있지 않을까? 멀지 않은 미래에 당신의 결심을 흔들어 놓을 새로운 상황이 발생해 당신의 결단력을 요구할 것이다. 현재 결심한 일을 지속하고 싶다면 방해물이. 새로운 일을 하고 싶다면 계기가 생길 수 있다.

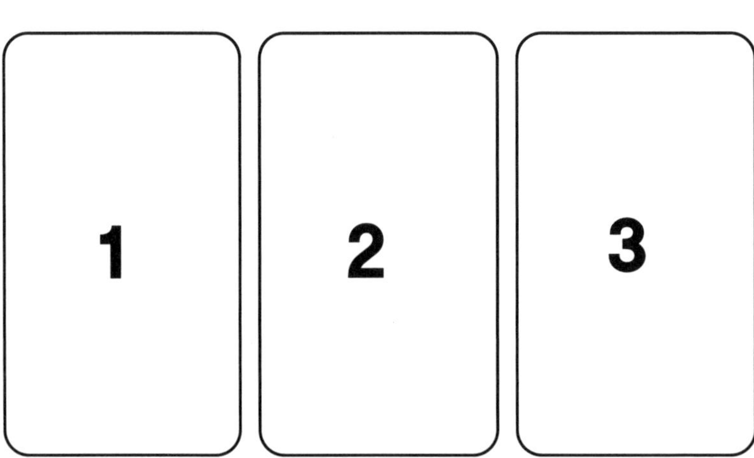

상대방의 마음을 알고 싶을 때 (Three Card)

▶ 타인과 나의 관계를 물어 볼 수 있는 스프레드이다.

▶ 현재 질문하는 자리에 해당하는 사람이 없는 경우에 사용한다.

▶ 상대방의 마음도 내 마음처럼 언제나 바뀔 수 있다.

Spread info : 스프레드 설명

첫 번째 놓인 카드 : 상대방이 보는 나의 모습
(상대방의 선입견을 기준으로 보는 나의 모습)

두 번째 놓인 카드 : 상대방이 나에게 가지는 감정.
(긍정적인가 부정적인가 확인할 수 있다)

세 번째 놓인 카드 : 상대방이 나에게 가진 선입견
(처음 만났을 때의 상황등이 나타날 수 있다)

▶ 1+2+3 세 개의 카드를 종합적으로 해석해야 한다.
▶ 나 자신을 위해 사용할 때는 1. 2. 3. 순서로 놓고 타인을 위해
  사용할 때는 그 반대로 3. 2. 1. 순서로 카드를 내려놓는다.

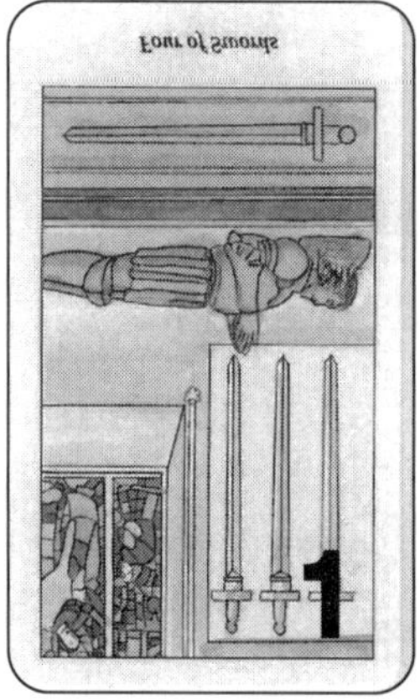  

Four of Swords:역   0 The Fool:역   Six of Pentacles :정

사용 카드 : 베이직 웨이트 타로카드

목적이 없는 네 개의 칼은 어느 곳으로도 향하지 않는다.
당신도 마찬가지.
뒤집힌 소년의 카드는 위험을 더욱 가중시킨다.

그러나 그러한 모험도 당신은 즐기고 있을지도 모른다.

마지막에 결과가 좋다면 모든 것이 좋다는 말이
당신의 모토인 것은 아닌지?

상대방이 보는 나의 모습 (선입견을 기준으로 보는 나의 모습)

간단키워드 : 조용히 휴식을 취하기에 좋은 시기다.

역: 모든 것이 안전하게 이루어질 수 있도록 준비하다, 자신이 가진 재능과 부를 어떻게 사용할 것인지 공식적으로 문서화 시키다.

상대방이 나에게 가지는 감정(긍정적인가 부정적인가 확인할 수 있다)

간단키워드 : 절제한다면 미래로, 절제하지 못한다면 나락으로 향한다.

역: 주변에 대해 무관심한, 자신의 일을 끝맺는 데 관심이 없는, 어차피 해고당할 직장.

상대방이 나에게 가진 선입견

간단키워드 : 베푸는 것도 필요하지만, 그 사람들이 당신에게도 보답하게 하라.

정: 베풀다, 자신의 행위에 기쁨을 느끼다, 가진 것에 대해 만족하다 (금전적으로)

상대방의 마음을 알고 싶을 때 카드로 금전 운에 대해 질문 했을 때

▶ 상대방은 금전에 대해 어떻게 생각하는가?

당신은 지금 준비의 기간으로 결과를 볼 수 있는 기간이 아니기 때문에 타인의 입장에서는 당신을 노는 것으로 볼 수 있다.

▶ 상대방은 금전을 다루는 나를 어떻게 보는가?

현실적인 생각을 가지고 있지 않는 괴짜. 금전에 대한 애착이 없고 자신에 대한 생각으로 가득 차 있다.

▶ 왜 처음부터 그러한 생각을 가지게 되었는가?

처음 만난 그 순간부터 당신은 타인에게 퍼 주는 데만 능숙했기 때문이다.

종합해석:

문제는 극명하다. 당신에게는 계획도 있고 생각도 있고 지금은 준비기간이기 때문에 딱히 돈이 없어도 문제가 되지 않는다고 생각하는 중이다. 그렇지만 당신의 그러한 계획이나 준비작업 조차도 주변에서는 그저 당신이 즐기기 위해서 하는 일일 뿐 정말 돈을 벌 수 있다고 생각하지는 않는다. 지금까지 그래왔기 때문이다. 당신이 돈을 버는 것보다는 쓰는 것에 능하고 실제로 쓰는 것이 버는 것보다 많기 때문이다. 게다가 당신은 정말로 돈을 벌어야겠다고 생각하고 있는가? 돈을 벌 때는 돈에 집중해야 한다. 당신이 이번에도 과정만 즐기고 결과가 나타나기도 전에 그만둔다면 사람들은 당신을 계속해서 지금처럼 여길 것이다.

해석 포인트
▶ 계획의 현실성에 대해 다시 한번 질문 할 것.
▶ 해석으로 보아 자선사업이나 봉사활동에 종사하고 있을 가능성도 있다

타로카드 스프레드

상대방의 마음을 알고 싶을 때로 애정 운에 대해 질문 했을 때

▶ 상대방은 당신의 애정 운에 대해 어떻게 생각하는가?
프로포즈를 준비하고 있거나 뭔가 준비가 끝났다고 생각하고 있다.

▶ 상대방은 당신에게 어떠한 감정을 가지는가?
아무생각이 없다. 원래부터 타인에게 무관심한 사람이다.

▶ 왜 처음부터 당신을 그렇게 보게 되었는가?
그저 당신은 항상 모든 사람에게 잘 해주었기 때문이다.

종합 해석:
두 가지로 해석이 가능하다.

▶ 친구의 입장
당신의 친구는 당신의 연애행각에 관심이 없다. 당신의 곁에 있는 이유는 당신이 주변사람을 잘 챙기기 때문이다. 그 친구의 충고는 당신이 지금 준비하고 있는 일에 크게 도움이 되지 않을 것이다. 만약 당신에게 필요한 것이 당신이 힘들고 지칠 때 당신의 이야기를 들어주는 사람이라면 그 친구는 좋은 친구가 될 것이다.

▶ 당신이 사랑하는 사람의 입장
당신의 이성은 당신이 계획을 세우고 있다는 것을 눈치 채고 있다. 하지만 당신에게 큰 감정은 없다. 당신의 노력이 모든 이성에게 동일하게 친절한 당신의 성격이라고 생각하기 때문이다. 사랑이라는 건 한 개의 사탕을 열개로 쪼개 나누어주는 것이 아니라. 열개의 사탕을 한 사람에게 주는 것이다. 이성에게만 집중하는 당신의 변한 태도를 계획 전에 미리 보여준다면 어쩌면 당신의 마음을 느끼게 할 수도 있을 것이다.

상대방의 마음을 알고 싶을 때로 직업+비지니스 운에 대해 질문 했을 때

▶ 당신의 상사 +또는 파트너는 당신을 어떤 모습으로 보고 있는가?
당신은 항상 꼼꼼하게 사전준비를 마치는 사람으로 보고 있다.

▶ 당신의 상사 +또는 파트너는 당신을 어떻게 생각 하는가?
주어진 일에는 집중하지만 주변사람과의 관계와 프로젝트의 성패에는 관심이 없는 사람으로 보고 있다. 따라서 해고 1순위.

▶ 당신의 상사 +또는 파트너는 당신에게 어떤 선입견이 있는가?
당신은 누가 일을 떠맡겨도 피하지 않는 사람이다. 그것으로 만족할 뿐 승진이나 상에는 관심이 없는 사람으로 보고 있다.

종합해석:

종합적으로 두 가지로 해석될 수 있다. 직업이 있는 경우라면 질문자는 열심히 일하는 사람이다. 열심히 일하고는 있으나 그 댓가는 잘 받지 못하는 사람이 될 수 있다. 직업이 없는 경우라면 현실과 이상의 불일치가 원인이 아닌지 질문자에게 조심스럽게 질문해 보는 것이 좋다.

타로카드 스프레드

당신은 꼼꼼하고 일 잘하는 사람이지만 그저 부품처럼 행동하고 있다. 주어진 일에만 충실할 뿐이지 다한 일을 막판에 빼앗기거나 다른 사람을 칭찬해도 그저 일만 하는 바보 같은 사람이다. 당신은 열심히 일하는 것이 최선의 방법이라고 생각하지만 현실은 그러하지 못하다. 당신에게도 감정과 의지가 있음을 보이지 않는다면 당신은 계속 그렇게 이용당하는 사람으로 남을 수 있다.

당신이 열심히 노력하고 있다는 데는 모든 사람들의 의견이 일치하고 있다. 현재의 상황을 잘 고려하지 않고 높은 수준의 직장만을 생각하고 있는 것은 아닐까? 당신의 문제는 당신은 계획을 잘 세우는 사람이지만 당신보다는 다른 사람의 계획을 세우는데 능하다는데 있다. 당신의 능력을 업그레이드 해야만 하는 더 높은 단계의 직장을 노리기보다는 당신의 현재 능력에 맞는 직장을 먼저 찾고 경력을 쌓는 것은 어떨까? 그것이 불확실한 미래에 대처하는 당신의 자세가 되어야 한다.

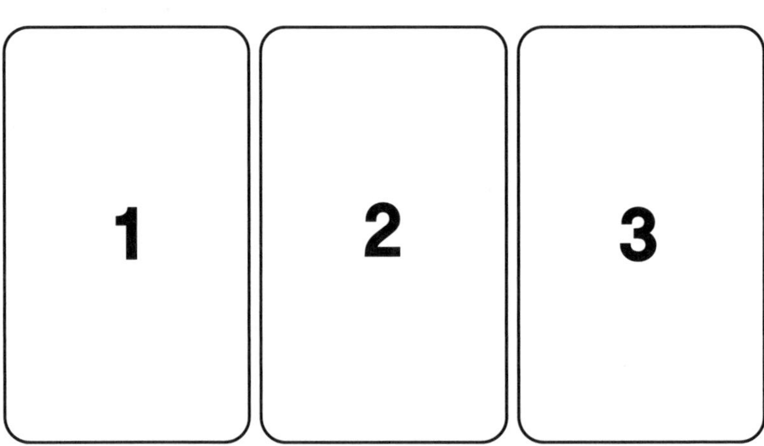

선택의 기로에 섰을 때 (Three Card)

▶ 선택의 여지가 없을 때 질문하는 스프레드이다.

▶ 어느 쪽을 선택하든 상관없다는 마음일 때 사용한다.

▶ 결과는 바뀔 수 있다는 것을 기억해야 한다.

▶ 메이저 아르카나만 사용하는 것도 괜찮다.

Spread info : 스프레드 설명

첫 번째 놓인 카드 : 딜레마.
(궁지. 진퇴양난인 현재의 상황에 대한 객관적인 판단)

두 번째 놓인 카드 : 선택 1
(현재 선택할 수 있는 첫 번째 방향에 대해)

세 번째 놓인 카드 : 선택 2
(현재 선택할 수 있는 두 번째 방향에 대해)

쓰리카드
선택의 기로에
섰을 때

▶ 1번과 2번 선택이 유사한 경우가 많다.
▶ 현재의 상황이 변할 수 있다면 변했을 때를 기준으로
　다시 질문할 수 있다.

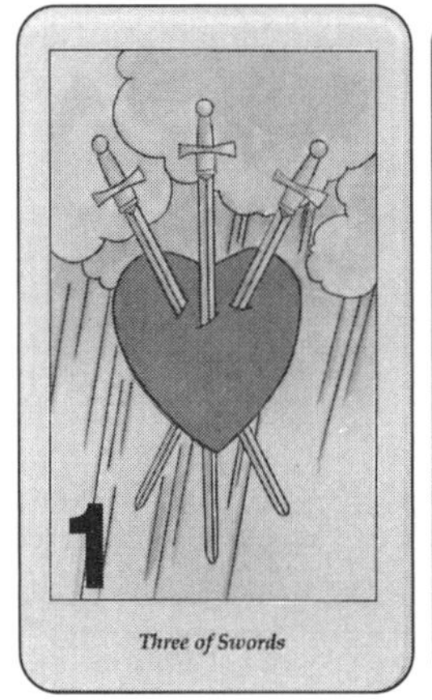

Three of Swords:정　　　　13. Death:정　　　　King of Wands :역

사용 카드 : 베이직 웨이트 타로카드

정해진 운명에 순응해야 하는 것은 당신의 운명.

지금은 운명의 신도 당신을 도울 수 없다.

때가 되면 당신의 왕이 죽음의 운명을 이겨내고 도달할 것이다.

그의 충실한 신하가 된다면 당신의 운명도 바뀔 것이다.

타로카드 스프레드

딜레마 (궁지, 진퇴양난인 현재의 상황에 대한 객관적인 판단)

간단키워드 : 인간관계에서의 불화와 주변인물과의 단절은 이미 예견된 것이다.

정: 원인을 제거하다(이것은 감정적으로는 사랑, 금전적으로는 기반이 제거되는 것일 수도 있다), 당신은 예상하고 있었지만 생각보다 크게 상처받을 것이다.

선택 1 (현재 선택할 수 있는 첫 번째 방향에 대해)

간단키워드 : 끝났다는 말이 결말이 났다는 말은 아니다.

정: 일에 결말을 짓다, 끝장나다, 고통의 시간이 지나고 새 시간이 시작되다, 파괴되다(내가 혹은 상대방이), 파멸되다(내가, 혹은 상대방이)

선택 2 (현재 선택할 수 있는 두 번째 방향에 대해)

간단키워드 : 생각하는 모든 것들을 바꾸어야 할지도 모르는 상황

역: 좋은 사람이지만 전통을 중요하게 여기는, 그렇기 때문에 한편으론 고루할 수도 있는 사람.

선택의 기로에 섰을 때 카드로 금전 운에 대해 질문 했을 때

▶ 금전적인 딜레마.

당신은 지금 상황에서 벗어나야 하는가. 지속해야 하는가에 대해 고민하는 중이다. 중요한 순간이고 피할 수는 없다.

▶ 당신의 선택 1

현재 상황을 끝내기로 결정할 수 있다.

▶ 당신의 선택 2

처음 시작하는 마음으로 모든 것을 다시 검토하고 시작해야 한다.

종합적인 해석:

당신의 고민은 간단하다. 지금 이대로 있어도 될까. 아니면 우물에서 벗어나 새로운 일을 시작해야 할까. 가능성은 반반이다. 새로운 일을 시작한다고 해서 성공이 보장된 것은 아니기 때문이다. 이대로 있기에는 불안하다. 주변의 분위기가 심상치 않기 때문이다. 복합적인 원인은 당신이 현재의 자리에 있지 못하도록 방해할 것이다. 결국 새로 시작하는 것이 바람직하다. 부모님과 함께 살고 있다면 독립의 시기.

타로카드 스프레드

해석 포인트

▶ 현재 맞닥뜨린 상황에 대해 스스로가 좀더 생각해 볼 것.
  아무것도 아닌 일에 크게 반응하는 것은 아닌지 확인할 필요가 있다.

▶ 여기서 필요한 것은 극단적인 결정이지 중용이 아니다.
  양쪽 다 선택할 수는 없다는 점을 명심하고 결정해야 한다.

▶ 지금 이 자리에 있더라도 결코 편안하지 않을 것임을 알아야 한다.
  때가 되면 더 이상 예전으로 돌아갈 수 없다. 앞으로 나아가야 한다.

TIP

2번과 3번 카드가 연속성을 가질 수 있다. 왕, 여왕, 기사,
시종이 연속적으로 나타나거나 숫자상으로 연속상의 숫자
카드가 나타날 수 있다. 숫자가 연속으로 출현할 경우 선택
의 여지가 거의 없음을 의미한다.

선택의 기로에 섰을 때 카드로 애정 운에 대해 질문 했을 때

▶ 애정문제의 딜레마

헤어져야 하는가 또는 프로포즈해야 하는가 고민하고 있다.

▶ 선택 1

그냥 접어야 한다고 생각한다.

▶ 선택 2

당신은 지금의 결정으로 인해 모든 것이 바뀔 수도 있다고 겁내고 있다.

종합적인 해석:

▶ 애인이 있을 때.

당신은 헤어져야 한다고 심각하게 고민하고 있다. 신뢰가 깨어졌고 의심스러운 사건들이 발생했으며 더 이상 당신의 상대자가 당신을 이해시키려고 노력하지 않기 때문이다. 마음의 상처를 받았고 더 이상 상처받고 싶지 않다고 생각하고 있다. 문제는 상대자와 연결된 또 다른 사람들이다. 관계의 종결이 모든 인간관계의 종결을 의미할 수도 있기 때문이다.

▶ 짝사랑 일 때.

당신은 프로포즈를 해야 할 까. 그냥 마음을 접어야 할까 고민하고 있다. 충분한 시간을 보냈고 현재 상대자는 파트너가 없다. 문제는 바로 당신. 소심한 당신은 그냥 모르는 척 아닌 척 넘어갈까 고민하고 있다. 거절당할까 하는 고민보다 지금처럼 편안한 관계를 유지할 수 없을지도 모른다는 걱정을 하는 당신. 지나치게 소심한 당신이이여 사랑은 진짜라는 것을 기억하라. 그 사랑이 진짜라면 포기했을 때 마음의 상처를 과연 혼자서 감당할 수 있을지 생각해 보라. 당신의 눈앞에서 상대자가 다른 사람과 사귀는 것을 견딜 수 있겠는가? 그렇다면 고백하지 않아도 좋다.

타로카드 스프레드

애정문제에 있어서는 딜레마와 가장 연관이 깊은 카드가 당신의 선택이 될 것이다. 당신의 마음을 대변하는 것은 당신이 고민하는 이유이기 때문이다.

카드에 현실적인 문제가 도출되어 나타나는 경우 질문자는 선택을 하지 못하고 문제의 해결 자체를 포기할 수도 있다. 애정 문제에 있어서 현실적인 걸림돌은 포기할 수 없는 집착을 낳는다. 대부분의 질문자는 이 시점에서 변명거리를 찾으며 선택을 회피하려고 한다. 시간이 지날수록 문제는 커져 가고 질문자는 고통스러워 할 것이다. 현실적인 걸림돌이 있을 경우 빠른 판단이 해결책임을 질문자에게 설명해야 한다.

선택의 기로에 섰을 때 카드로 직업+비지니스 운에 대해 질문 했을 때

▶ 직업+비지니스의 딜레마

당신은 그만둘 것인가. 혹은 파트너를 해고할 것인가 고민하고 있다.

▶ 당신의 선택 1

잘라버리기로 결정할 수도 있다. 혹은 그만두기로 결정할 수도 있다.
그러나 급격한 폭풍에 시달릴 것이다.

▶ 당신의 선택 2

해고하거나 잘라버리지 않는다면 처음부터 다시 시작해야한다. 당신은
개혁파가 아닌 온건파라는 사실을 기억하라

종합적인 해석:

이 카드는 종합적으로 두 가지로 해석될 수 있다.

▶ 현재 사업을 하는 경우.

동업자를 해고하거나 당신이 독립해야 하는 상황. 그러나 상황은 결코 편
안하지 않다. 당신의 동업자는 이를 갈며 버티거나 당신을 밟아버리기 위해
모든 시간과 노력을 투자할 것이고 당신이 이걸 이겨낼 수 있을지는 미지수
다. 그렇다고 이대로 이끌고 나가기에는 새로 시작하는 것보다 많은 노력과
돈과 시간이 필요할 것이다.

▶ 현재 직업을 가진 경우.

당신은 직장을 그만두고 다른 직장을 얻으려 고민하고 있다. 그러나 지금
그만둔다면 당신은 추천장도 좋은 평가도 포기해야만 할지도 모른다. 문제
는 이곳에 당신의 미래가 보이지 않는다는 점이다. 지금도 복잡한 많은 사건
들이 벌어지고 있다. 당신은 자존심을 다쳤고 이제 떠나고 싶다. 물론 정든
곳이다. 모든 것을 당신이 바꿀 수 있다면 새로운 방식으로 새 직장처럼 적
응할 수도 있다. 새롭게 시작할 것인가? 아니면 다른 곳에서 시작할 것인가.

62

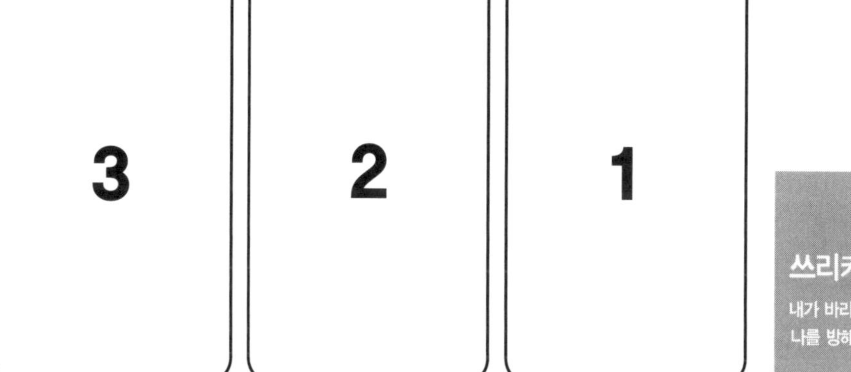

내가 바라는 것, 나를 방해하는 것 (Three Card)

▶ 뚜렷한 목적이 있을 때 미래설계를 하기 전 사용한다.

▶ 해석을 할 때는 3번 카드부터 읽는다.

▶ 놓을 때는 1-2-3, 읽을 때는 3-2-1

Spread info : 스프레드

첫 번째 놓인 카드 : 희망
(소망. 때로는 신뢰. 가능하다고 생각하는 것)

두 번째 놓인 카드 : 근심
(공포. 또는 우려되는 것)

세 번째 놓인 카드 : 반대
(저항. 대항. 반대.)

▶ 일의 성패를 가늠하기 전, 사용한다.
▶ 결과에 대한 확신이 있을 때 사용한다.
▶ 확실한 결과를 위해 모든 것을 안전하게 이끌고 싶을 때 사용한다.

타로카드 스프레드

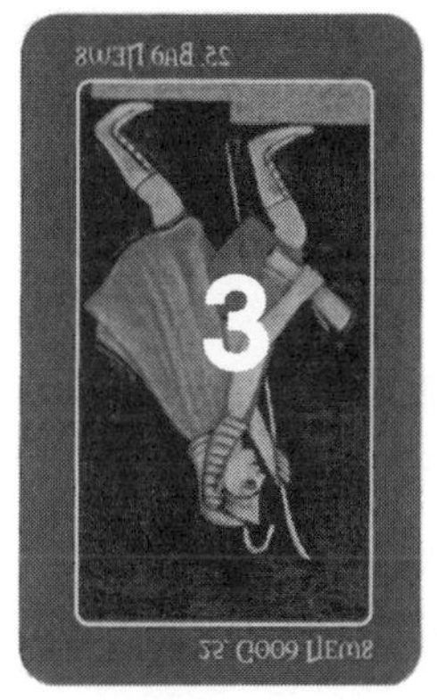  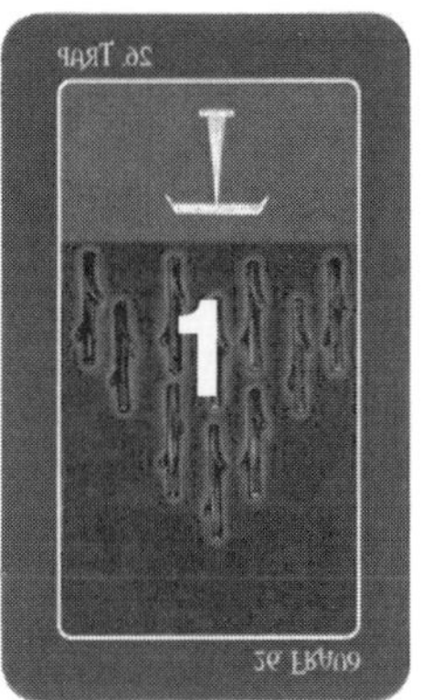

25 BAD NEWS :역 34. SURPRISE:역 26. TRAP :역

사용 카드 : 에띨라 타로카드

메신저는 이중적이다.
소식이 열어보기 전에 알 수 없는 것처럼.
그는 아무런 권한을 가지고 있지 않기 때문에 당신에게
어떤 힌트도 줄 수 없다.
두 개의 지팡이는 당신에게 그 이중성을 다시 한 번 경고한다.
그 어떤 것도 함정이 될 수 있으니까.

나쁜 소식 (대부분의 경우 슬픈 소식)

역: 보통은 실패를 알려주는 소식인 경우가 많다. 입사시험에 실패하거나 생각했던 학교에 입학하는데 실패하는 경우이다. 이것은 때때로 갑작스러운 소식이다. 가족이나 친척의 사고나 죽음에 대한 소식인 경우도 있다.

놀라움

역: 새로 알게 된 사실은 당신을 놀라게 할 것이다. 생각했던 것, 상상했던 것과 결과는 완전히 다르다. 이제 현실은 드러나고 결과를 받아들여야 할 때, 당신의 마음에 들지 않는다고 거짓이라고 치부해서는 안 된다. 지금의 결과는 분명히 현실이다. 바뀌지 않는다.

함정 간단키워드 :

역: 이것은 당신에게 있어 손해를 가져올 수도 있는 상황을 말한다. 당신에게 손해를 입히기 위해 적이 당신을 기다리고 있다. 손쉬워 보이는 일, 금방 이득을 볼 수 있는 달콤한 일이 다가온다면 냉정하게 뿌리치는 것이 좋다. 세상은 어떤 것도 공짜가 아니다.

내가 바라는 것, 나를 방해하는 것 카드로 금전 운에 대해 질문 했을 때

▶ 당신의 희망사항. 또는 당신이 믿고 있는 것.

당신은 누군가 실패해서 그 자리가 당신에게 돌아오기를 기다리고 있다. 당신은 그것이 가능하다고 믿고 있다.

▶ 근심

당신이 모르는 또 다른 상황이 발생할지 모른다는 근심. 그것으로 예상하던 결과가 바뀔 수도 있다고 생각하고 있다.

▶ 반대

당신의 희망사항에 반대되는 상황. 생각보다 지금 현재 상황이 손쉽지 않을 것임은 분명하다.

종합적인 해석:

하늘에서 감 떨어지길 바라는 무능력자들이 아직 세상에 존재한다는 것은 참으로 놀라운 일이다. 자신은 아무것도 하지 않은 채 친척의 유산을 기대하거나 혹은 타인의 실패로 기회가 주어질 수도 있다는 생각자체가 잘못된 것이다. 당연히 쉽지 않다. 차라리 복권의 당첨률에 기대는 것이 낫다. 바라는 것이 있다면 그 정도의 노력은 해야 한다. 행운을 바란다면 복권을 사라. 그리고 당첨결과를 기다려라. 복권도 사지 않고 하늘에서 돈이 떨어지길 바라는 것은 지나친 행동이다. 이루어질 수 없다.

내가 바라는 것, 나를 방해하는 것 카드로 애정 운에 대해 질문 했을 때

▶ 당신이 바라는 사랑과 당신이 믿는 구석

당신은 생각하고 있는 상대자가 헤어지기를 기다리고 있다.

▶ 근심.

당신이 예상치 못했던 또 다른 애인이 있거나 당신처럼 그 커플이 헤어지기만을 기다리고 있던 또 다른 사람이 있는 것은 아닐까?

▶ 당신을 반대하는 것들

함정. 모략. 당신의 경쟁자들.

종합적인 해석:

누군가와 헤어져서 눈물짓는 상대자를 위로해 주다가 결국 애정을 얻게 되는 상상은 드라마다. 현실에서의 실현가능성은 매우 낮다. 물론 그런 상상을 하는 사람들은 많다. 그래서 당신처럼 마음에 드는 이성이 자신의 것이 아닐 때 금방 헤어지게 될 거라고, 나의 진가를 알게 될 거라고 스스로를 다독이며 때를 기다리는 경우도 있다. 혹시나 경쟁자가 또 있지 않을까? 하는 당신의 예상은 맞을 것이다. 게다가 어쩌면 또 다른 경쟁자는 기다리고만 있는 당신과는 달리 또 다른 경쟁자인 당신을 처리할 준비를 하는 중일 수도 있다. 승리를 위해서는 깨어있으라. 그리고 좀 더 정보를 수집할 필요가 있다.

타로카드 스프레드

내가 바라는 것, 나를 방해하는 것 카드로 직업+비지니스 운에 대해 질문 했을 때

▶ 당신이 바라는 상황과 신뢰 가능한 도움.
당신은 파트너를 잃은 그가 당신에게 손을 내밀지 않을까 기대하고 있다.

▶ 근심되는 부분
자리를 얻게 되더라도 당신의 생각처럼 전망이 좋은 상황이 아닐 수 있다.

▶ 방해가 될 수 있는 것
당신이 그 손을 잡았을 때 책임과 의무만 당신에게 남겨지고 이득은 다른 사람에게 넘어가 버리는 것은 아닐까?

종합적인 해석:
이 카드는 좀더 좋은 대우를 기대하는 당신의 희망을 접으라고 충고하고 있다. 당신의 상상과 기대처럼 그 자리가 썩 좋은 곳은 아니다. 게다가 당신에게 손해가 될 수도 있다. 다른 사람의 포기로 얻은 자리니 좋은 자리일 턱이 없다. 뼈 빠지게 일만하고 결국 당신에게 남는 것이 없을 수도 있다. 당신의 계획을 다시 검토하는 것이 좋겠다.

라인 스프레드 (Line Spread)

▶ 순서대로 내려놓는다고 해서 라인 스프레드이다.

▶ 가장 중요한 것은 현재. 때문에 3번 카드를 중심으로 해석한다.

▶ 78장 모두를 사용한다.

Spread info : 스프레드 설명

1번 2번 카드 :과거
3번 카드 : 현재
4번, 5번 카드 : 미래.

▶ 1번과 2번은 과거의 상황에 대한 당신의 관점을 보여준다.
(이해할 수 있는 것과 이해할 수 없는 것으로 나누어 보여줄 때도 있다)

▶ 3번은 현재에 당신이 보고 있는 것을 보여준다.

▶ 4번과 5번은 서로 다른 방향을 보여줄 수 있다.
(3번의 선택에 따라 서로 달라지는 두 개의 결과를 보여주는 경우)

   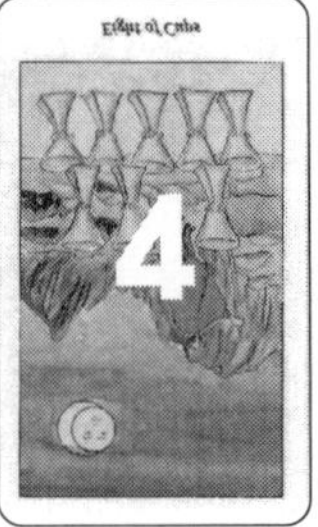 

16. The Tower 역   Queen of Pentacles 정   Page of Cups 정   Five of Wands 역   Eight of Cups 역

사용 카드 : 베이직 웨이트 타로카드

내면을 향해 불꽃이 타오르면

숨겨진 영혼의 목소리가 속삭이기 시작한다.

때를 기다린 준비는 끝났고 이제 깨달음을 얻었으니,

현실과 이상이 함께 하기 시작했고

이제 어디로 갈 것인지

당신의 선택은 무엇인가.

타로카드 스프레드

1번 카드 16. The Tower : 역

간단키워드 : 어쩔 수 없는 손해, 억울할 수도 있다.

역: 정 방향에서 말하는 것 (금전적으로 바닥의 상태. 사랑을 잃고 고뇌하다. 프로젝트를 빼앗기다. 루머에 시달리다. 정리해고의 공포에 시달리다) 상관에게 시달리다. 폭력적인 언사를 당하다. 자존심에 상처를 입다.

2번 카드 Queen of Pentacles : 정

간단키워드 : 그녀는 좋은 답을 줄 것이다.

정: 위대한 영혼을 가진 여인, 부와 관련된 많은 것들, 재능·돈·명예·지위 등의 모든 것을 가진 사람, 영혼의 자유를 만끽할 줄 아는 사람

3번 카드 Page of Cups : 정

간단키워드 : 참신한 아이디어를 가진 동료나 친구

정: 올바르고 학구적인 젊은 사람, 이 사람은 당신에게 많은 도움을 줄 것이다. 스스로를 위한 명상의 시간이 필요하다.

간단키워드 : 어차피 결과를 알고 있는 당신은 그 과정을 밟을 뿐이다.

역: 질투에 가득 찬 상대방에 의해 소송에 시달리거나 논쟁을 해야만 하는 상황, 어쩌면 당신은 이유 없는 반대에 부딪히게 될 것이다.

간단키워드 : 겸손하게 행동하면 이익을 얻을 수 있다.

역: 행복, 축제.

TIP

5, 7, 9장의 스프레드는 각각 3, 5, 6으로 축소하여 읽어낼 수 있다. 생략되는 카드는 부연 설명에 해당되는 카드로 먼저 축소해서 읽어낸 다음 나머지 카드를 질문자와 상황을 확인하여 조합하는 것이 좋다.

키워드가 1개가 아닌 경우 상충되는 의미들 사이에서 해석에 맞는 키워드를 선택하기 어렵다면 선택은 질문자에게 맡기는 것이 초보자에게 추천되는 방법이다.

라인 스프레드로 금전 운에 대해 질문 했을 때

▶ 과거의 금전 상태는 어떠한가. (1+2번)

손해를 보았으나 도와주는 사람이 있어 도움을 받았다.

▶ 현재의 금전 상태는 어떠한가. (3번)

좋은 아이디어를 가지고 새로운 일에 도전해 보려고 고민하고 있다.

▶ 미래의 금전 전망은 어떠한가. (4+5번)

경쟁자들의 질투와 음모에 시달릴 것이나 겸손하게 행동한다면 결과는 좋을 것이다.

종합적인 해석:

과거에 당신은 때 이른 투자. 또는 능력부족으로 손해를 보았다. 그러나 다행히 당신을 돕는 사람이 있어 현재 다시 일어선 상태다. 당신의 아이디어는 대단하며 계획은 훌륭하다. 그러나 앞선 사람에게는 시기질투가 따르는 법. 당신의 능력을 방해하는 세력들이 존재한다. 당신이 그들을 겸손한 태도로 대한다면 그들은 당신의 적이 될 수 없다. 모든 사람에게 겸손한 태도가 당신의 성공을 부를 것이다.

금전 운을 해석할 때의 포인트

▶ 1번은 사건. 2번은 현재의 원인이 되는 사건의 진행방향을 말한다.

▶ 3번 카드는 현재의 생각. 현재의 상태. 또는 현재 해야 하는 일이다.

▶ 4번 카드는 상태. 5번 카드는 당신이 해야 할 행동을 뜻이다.

라인 스프레드로 애정 운에 대해 질문 했을 때

▶ 과거의 애정운은 어떠한가. (1+2번)

헤어짐의 슬픔을 겪었거나 안 좋은 시기를 겪었으나 주변의 도움으로 특히 손위의 여자의 도움으로 위기를 해결할 수 있다.

▶ 현재의 애정 상태는 어떠한가. (3번)

새로 시작해 보려고 준비하고 있거나. 혹은 오래된 관계를 새롭게 하려고 생각하고 있다.

▶ 미래의 전망은 어떠한가.(4+5번)

당신의 연애를 방해하는 친구들이 있다. 너무 티내지 않는다면 친구들도 질투를 거두고 당신을 응원할 것이다.

종합적인 해석:

과거에도 현재에도 당신의 애정운은 좋은 상태이다. 문제는 미래에 있다. 현재의 상태가 유지되지 않고 장애물이 발생할 가능성이 높다. 그 이유는 당신이 항상 예전이 더 좋았다는 생각을 하거나 과거의 상대와 현재의 상대를 비교하기 때문일 수 있다. 그런 식의 행동의 결과는 좋을 수 없다. 현재에 만족하고 현재에 충실한 모습을 상대방에게 보인다면 미래의 결과는 달라질 것이다.

애정 운을 해석할 때의 포인트

▶ 1번은 사건. 2번은 주변인물을 보여준다.

▶ 3번 현재의 상태를 말합니다. 싱글인가. 커플인가를 보여준다.

▶ 4번 주변의 시선. 5번 카드는 당신이 해야 할 행동을 뜻한다.

타로카드 스프레드

라인 스프레드로 직업+비지니스 운에 대해 질문 했을 때

▶ 과거의 직업+비지니스는 어떠했는가. (1+2번)

실직을 하거나 실직의 위기에 놓였으나 좋은 상사 또는 조언자의 도움으로 위기를 슬기롭게 헤쳐 나갈 수 있었다.

▶ 현재의 상태는 어떠한가. (3번)

새로운 직업으로 이직을 하고자 하거나 혹은 새로운 직장을 얻으려고 준비하고 있다.

▶ 미래의 전망은 어떠한가. (4+5번)

이직을 하고자 한다면 계약서에 주의할 것. 새로운 직장이라면 고용 계약서를 잘 작성할 것. 마무리는 깔끔하게. 전 직장에서 추천서를 받을 수 있도록 행동할 것. 그리고 당신이 겸손하다는 것을 보여줄 것.

종합적인 해석:

당신은 위기에서 벗어난 지 얼마 되지 않았다. 당신 혼자서는 해낼 수 없는 일을 도와준 사람에게 감사해야 한다. 현재는 고민하고 있다. 당신에게 기회가 주어졌거나 기회를 모색하는 중이기 때문이다. 떠날 생각이라면 좋은 평가를 받을 수 있도록 더 열심히 일하자. 누군가는 세상의 마지막 날에도 사과나무를 심겠다고 했으니까.

직업+비지니스운 해석 시의 포인트

▶ 1번은 사건. 2번은 현재의 바탕이 되는 당시의 상황을 보여준다.

▶ 3번 현재의 상태를 말합니다. 물론 생각도 보여준다.

▶ 4번 주변의 시선. 5번 카드는 당신이 해야 할 행동을 뜻한다.

♡ 라인 스프레드의 종합적인 해석

　과거의 문제를 해결해 준 것도 주변사람(또는 친구). 그리고 현재의 돌파구를 마련해 준 것도 친구라면 미래의 문제도 당신의 주변사람에서 발생할 수 있다. 당신의 삶이 현재의 인간 관계없이 지속되기 힘들다면 당신이 집중해야 하는 것은 당신의 친구와 인간관계에 대한 것이 되어야 한다. 당신이 도움 없이 살아갈 수 없는 사람이라는 것이 중요한 것이 아니다. 당신은 도움 없이 살아갈 수 있다고 생각할 수 있지만 친구와 주변사람들을 통해 얻게 되는 인간관계의 에너지가 당신의 삶의 에너지의 상당부분을 차지하고 있을 가능성이 높다. 혼자서 살아갈 수 있는 사람은 그리 많지 않다. 우리는 처음부터 부모와 선생님의 지지를 바탕으로 성장해왔다. 이것은 우리의 바탕이 되는 에너지다. 당연히 그것을 지속하려면 당신도 주변에 에너지를 제공해야한다. 당신만이 아니라 당신의 주변사람들을 생각해야한다는 뜻이다. 계속 지지받을 수 있도록 행동하라.

타로카드 스프레드

◆ 라인 스프레드의 핵심

라인스프레드의 별명은 '병 주고 약주고' 로, 과거의 문제와 당시의 해결책. 미래의 문제와 그 해결책을 동시에 보여주는 것이 라인 스프레드의 핵심이다.

♥ 라인 스프레드의 문제점

라인 스프레드는 현재의 상태를 설명하는데 부족하기 때문에 현재의 부정적인 견해를 알아내야 할 때 부족함이 생길 수도 있다. 라인 스프레드는 현재를 잘 알고 있을 때 사용해야 한다.

♥ 라인 스프레드의 장점

라인 스프레드는 미래의 문제와 그 해결책을 보여주는데 능하. 미래지향적인 계획을 세우는데 좋은 스프레드이다. 라인 스프레드는 '나'를 중심으로 펼쳐진 세상을 지켜보는데 좋은 스프레드이다.

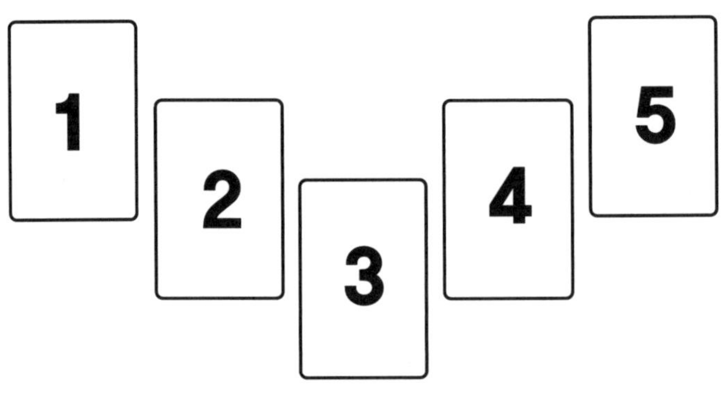

액션 스프레드 (Action Spread)

▶ 당신이 해야 할 행동에 대해 조언이다.

▶ 78장 모두를 사용한다.

▶ 가능한 현실적인 질문을 하는 것이 좋다.

▶ 양자 택일의 상황에는 바람직하지 않다.

1번 카드 : 사건의 핵심

2번 카드 : 과거

3번 카드 : 당신이 그동안 해온 일들.

4번 카드 : 주변 환경

5번 카드 : 사건을 해결하기 위해 당신이 해야 하는 일.

▶ 1번과 5번을 먼저 해석하는 것이 좋을 수도 있다.
(1번 카드가 질문을 5번 카드가 질문을 해소하는 방법을 설명한다.)

▶ 2번과 3번은 연결해서 해석한다.
(과거의 상황을 설명하는 것이 2번. 당신의 행동이 3번이기 때문에 서로 연결되어 있다)

▶ 문제의 해결을 위해 당신이 이해해야 하는 것은 4번의 내용이다.
(당신을 가로막는 것은 4번 위치에서 나타난다)

9 TROUBLE 역

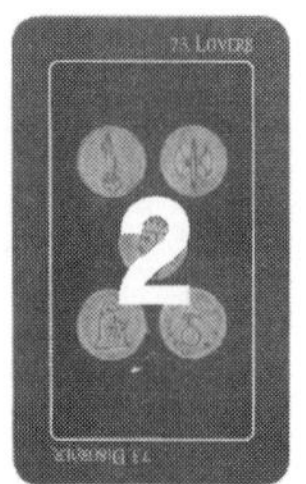

73 LOVERS 정

29 VACILLATING 역

20. DIGNITY 역

24 DISAGREEMENT 역

사용 카드 : 에띨라 타로카드

여왕은 칼을 잡고 있다.

그녀는 칼을 사용할 수 없다.

힘을 사용하는 것은 많은 것을 필요로 하고

욕망은 더 강해진다.

여왕의 운명은 검은 숲이 가려져

먼 길을 떠나야 할 것이다.

이곳은 당신의 땅이 아닐지도 모른다.

타로카드 스프레드

1번 카드 : 9 TROUBLE 역

고민거리 (대부분은 싸움)

이 카드는 한정적인 질문(이것이 문제가 될 수 있는가? 같은 부정적인 질문)에 있어서 YES이고 대부분의 경우 No(행동과 관련된 결과를 물어볼 때)이다. 균형을 잡기 위해서는 항상 집중하고 있어야 한다. 그러나 그녀는 다른 곳을 보고 있다.

과거

2번 카드 : 73 LOVERS 정

연인들

오~ 사랑에 빠진 연인들이여 마법에서 벗어나 당신의 현실을 바라볼지어다. 사랑에 빠진 당신 혹은 질문자, 혹은 당신의 주변사람들에게 현실을 강요하는 것은 헛소리로 들릴 뿐이다. 그들을 축복하고 따뜻한 조언을 아끼지 말라. 그들의 행복을 위해서……. 현실적인 충고는 그들이 벽에 맞닥뜨렸을 때만 필요한 것이다.

당신이 그동안 해온 일들.
3번 카드 : 29 VACILLATING 역

우유부단

이 카드는 모든 원인은 당신에게 있다고 충고한다. 당신은 결정을 내릴 줄도 모르고 결정을 내리더라도 항상 선택하지 않은 길에 대해 고민하는 사람이다. 다른 길을 아깝게 생각하고 고민하는 동안 시간은 지나가 버린다. 신중함도 지나치면 병이다.

주변 환경
4번 카드 : 20. DIGNITY 역

위엄

당신의 자존심을 지킬 수 있는 판단을 하라. 참아줄 만큼 참아주었다고 생각되면 이제는 강력하고 짧게 말할 때이다. 이 카드가 당신을 위해 선택되었다면 당신의 '적'을 온화한 표정으로 바라보는 것도 좋은 방법. 어차피 적은 당신의 손 안에 있다.

사건을 해결하기 위해 당신이 해야 하는 일.
5번 카드 : 24 DISAGREEMENT 역

싸움(대부분의 해석에 있어서 의견차이)

대부분의 상징해석에서 '기사'는 전쟁을 준비하는 사람으로 묘사된다. 따라서 기사는 '전쟁'의 의미를 내포하고 있다. 이것은 당신과는 다른 의견이 제시될 것이며 쉽게 해결되지 않을 것임을 말한다.

타로카드 스프레드

액션 스프레드로 금전 운에 대해 질문 했을 때

▶ 현재의 금전 운에 있어 가장 큰 문제 (1번)
당신의 문제는 부정할 수 없는 커다란 금전적인 문제가 있다는 점이다.
▶ 과거의 금전 상태는 어떠했는가. (2번)
돈에 대한 충분한 관심은 있지만 현실적인 노력은 없었다.
▶ 당신의 금전을 위한 노력은 충분했는가. (3번)
당신은 여러 가지 가능성을 고려하기만 하고 아무것도 하지 않았다.
▶ 당신은 금전을 얻기 위해 충분한 환경을 가지고 있는가. (4번)
충분한 환경을 가지고 있다.
▶ 금전운의 상승을 위해서 당신은 무엇을 해야 하는가? (5번)
삶은 전쟁터. 싸워서 이겨라

종합적인 해석:

당신의 문제는 현재 금전적인 문제가 발생했고 그 원인이 당신에게 있다는 점이다. 당신은 다른 사람들과 달리 충분한 환경을 가지고 있고 노력만 하면 충분한 결과를 얻을 수 있다. 그런데도 당신은 노력하지 않았다. 그러니 당신 탓을 하고 지금까지 당신을 지켜준 주변에 감사하기 바란다. 당신이 싸울 준비가 되어있다면 당신의 미래는 밝을 것이다.

금전 운을 해석할 때의 포인트
▶ 미래의 발전 가능성.
▶ 선택 가능한 옵션의 다양성
▶ 해 낼 수 있는 자원이 주어졌는가.

액션 스프레드로 애정 운에 대해 질문 했을 때

▶ 당신의 애정운의 가장 큰 문제 혹은 지금 발생한 사건 (1번)
문제가 되기 충분한 사건이 발생하다.
▶ 당신의 과거의 애정운 (2번)
사랑에 빠져 주변은 보지 못하다.
▶ 당신이 그동안 애정운을 위해 충분히 노력했는가. (3번)
끌려 다니느라 바빠 노력하지 못했다.
▶ 당신의 애정운을 위해 환경적 요인이 충분한가. (4번)
충분하다.
▶ 애정운을 좋게 하기 위해 혹은 현재 사건을 해결하기 위해 당신이
해야 하는 일.(5번)
이기려면 자리에서 일어나 행동해야 한다.

종합적인 해석:
문제는 발생했고 당신은 사랑에 푹 빠져 이런 일은 상상도 해보지 못했
다. 결과적으로 당신은 사랑을 했고 사랑을 즐겼지만 현실적인 상황은 생
각하지 못했기 때문에 현재의 결과를 맞이하게 된 것이다. 어째서 당신은
다른 사람도 당신의 상대자를 사랑할 수도 있다는 것을 생각하지 못했는
가. 매력적이고 친절하며 당신을 사랑하는 상대자는 다른 사람에게도 그
렇게 보이는 것이 당연하다. 계속 이 사랑을 지속하고 싶은가? 그럼 방해
자는 없애버려야 한다.

타로카드 스프레드

액션 스프레드로 직업+비지니스 운에 대해 질문 했을 때

▶ 당신의 직업+비지니스의 가장 큰 문제 혹은 지금 발생한 사건 (1번)

경쟁자가 나타나거나 사업을 무너뜨릴 큰 사건이 발생하다.

▶ 당신의 과거의 직업+비지니스 (2번)

워커홀릭인 당신은 하느라 바빠 상태는 알지 못했다.

▶ 당신이 그동안 충분히 노력했는가. (3번)

주어지는 상황에 맞춰 일하기는 했지만 생각은 해보지 않았다.

▶당신의 직업+비지니스를 위해 환경적 요인이 충분한가. (4번)

충분하다.

▶직업+비지니스를 발전시키기 위해 혹은 현재 사건을 해결하기 위해 당신이 해야 하는 일.(5번)

좀더 강력하게 열정적일 필요가 있다. 주어진 일이 아니라 주어지지 않은 일도 해내는 자세가 필요하다.

종합적인 해석:

당신에게 큰 문제가 생겼다. 열심히 일한다고 항상 보답을 얻는 것이 아니다. 당신은 주어진 자원을 충분하게 활용하지 못했다. 마치 인간이 10%의 뇌만 사용하고 나머지는 버려두는 것과 같다. 현재의 상황은 당신이 앉아서 일하는 것이 아니라 서서 뛰라고 말하고 있다. 현재의 자리는 중요하지 않다. 당신이 지금 다시 뛰기 시작한다면 당신의 직업과 비즈니스는 긍정적으로 발전할 것이다. 그러나 현재의 상황에서는 좋은 결과를 보기란 불가능 하다.

♡ 액션 스프레드의 종합적인 해석

사건의 핵심은 당신이다. 골치 덩어리, 사고덩어리인 당신. 언제나 사건을 몰고 다니니 주변이 조용할 날이 있을 리 만무하다. 당신은 과거에도 현재에도 원하는 것을 향해 달려가는 사람이다. 문제는 당신은 그동안의 경험으로 당신의 가장 큰 힘. 자신감을 잃어가고 있다. 이제 화를 낼 기력조차 없는 당신. 그동안의 경험이라면 이제 당신의 선택이 틀릴 거라는 망설임과 소심함은 버릴 때도 되었지 않을까? 그래도 틀리면 또 다시 시작하면 그만이다. 당신의 자존심을 위해 싸워라.

◆ 액션 스프레드의 핵심
액션스프레드는 '천상천하유아독존' 이라고 부른다. 세상의 중심도 나. 세상을 변화시키는 것도 나. 그리고 두 주먹을 불끈 쥐고 세상을 향해 내질러야 하는 것도 나. 해석의 중심은 질문자 자신이다.

♥ 액션 스프레드의 문제점
액션 스프레드는 모든 문제가 주변에서 발생했을 때는 해석이 어렵다. 특히 연애문제나 직장. 비즈니스 등 자신보다 주변상황이 중요한 경우에는 해석에 주의를 요한다.

♥ 액션 스프레드의 장점
액션 스프레드의 장점은 모든 것을 질문자를 중심으로 해석할 수 있기 때문에 질문자가 해석을 이해하기 쉽다는 점이다. 아무리 좋은 해석도 질문자가 "아닌데요."해버리면 그만이다. 질문자가 주변상황을 이해하지 못하는 경우나. 상황을 부정하는 경우에 액션스프레드가 활용될 수 있다.

타로카드 스프레드

Numero Deus impare gaudet
하나님은 홀수를 기뻐하신다

스프레드의 사용에 있어서 4가 빠진 3의 배수 혹은
홀수가 사용되는 이유는 상징적인 이유에서 비롯된다.
완성된 숫자 10을 제외하고는 홀수를 선호하는 중세의
상징성이 이러한 전통을 탄생하게 하였다.

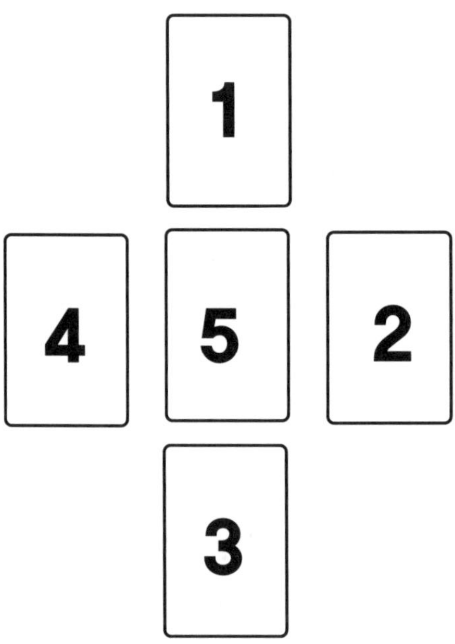

원소 스프레드 : Spread of Elements

원소스프레드는 방향성과 관련된 내용을 담고 있다. 각각의 항목을 따로 떼어 해석해도 질문의 답을 얻을 수 있다. 모든 해석은 중심이 되는 5번과 짝을 지어 해석할 수 있다. 당신과 당신에게 필요한 직관 (5+1)식으로 해석하고 다시 당신과 당신에게 필요한 지식 (5+2)으로 해석하면 이해하기 쉬워진다.

▶극단적인 Yes or No의 판단을 위한 것이 아니다.
▶부족한 점과 노력해야 하는 점을 깨닫기에 좋은 스프레드이다.

타로카드 스프레드

원소 스프레드 (Spread of Elements)

첫 번째 놓인 카드 : 당신에게 필요한 직관

두 번째 놓인 카드 : 당신에게 필요한 지식

세 번째 놓인 카드 : 당신의 몸이 느껴야 하는 감각

네 번째 놓인 카드 : 당신이 알아야 하는 영적인 부분

다섯 번째 놓인 카드 : 바로 당신

원소 스프레드는 해석할 때 좋다 나쁘다가 아니라 무엇이 필요한가. 뭐엇이 부족한가. 무엇을 해내고 있는가를 . 중심으로 해석해야 한다. 즉 이 배열법은 자신의 현재 상태에 대한 깨달음을 위한 것이다.

원소
스프레드

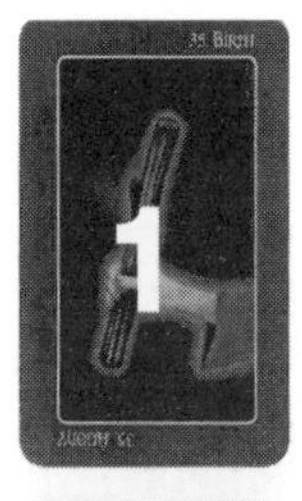

35 .BIRTH 정

51 BAD CONDUCT 역

68. HOME 정

61. SEPARATION 정

57 UNHELPFUL ADVICE 역

사용 카드: 에띨라 타로카드

당신의 손에 강력한 의지가
칼은 의지를 잡고 놓지 않는다.
생각은 허공을 헤매고 방향성을 잃었다.

돌아가고자 한다면 이것이 또 다른 기회로,
돌아가는 발걸음은 더 빨라야 한다.
때가 늦으면 문은 닫히고 돌아갈 수 없다.

타로카드 스프레드

당신에게 필요한 직관

탄생

정: 탄생은 새로운 상황을 의미한다. 안정적이고 편안하던 지금까지의 상황과는 달리질 수 있음을 암시한다. 사전적으로 새로운 가족의 탄생을 의미하기도 하지만 대부분은 변화하는 당신 자신을 뜻하는 경우가 많다. 새로운 시작으로 기억하자.

당신에게 필요한 지식

분할

역: 세상은 항상 나뉘고 합쳐지기를 반복한다. 그것은 인간사회도 마찬가지이다. 당신의 재산은 나눠질 것이며 가족은 서로 멀리 떨어지게 될 수 도 있다. 직장이라면 부서간의 이동에 주의하라. 새로운 그룹에서 고독하게 될 수 있다. 모든 것은 변하게 된다. 지금은 변화의 시기이다.

도움이 되지 않는 충고

역: 합리적이고 중립적인 사람만이 옳은 충고를 할 수 있다. 그러나 조언자를 자칭하는 사람들은 비뚤어진 편견을 가지고 있는 경우가 많다. 때문에 그 이야기들은 모두 잔소리일 뿐 어떤 도움도 되지 않는다. 당신에게 필요한 것은 혼자서 생각을 정리할 수 있는 시간과 여유. 모든 해답은 당신 안에 있다.

집

정: 당신을 기다리고 있는 안정적인 집. 행복의 원천이자 꿈의 터전이다. 당신이 꿈꾸는 이상적인 세계를 상징한다. 이상적인 세계는 현실과 다를 수 있다. 때때로 이 카드는 현실에 지친 당신에게 속삭인다. "집에 가서 쉬면 모든 것이 제자리로 돌아갈 것이다."

잘못된 품행

이 카드는 '불륜'이나 사회적인 통념상 인정되지 않는 '관계'를 상징한다. 이 카드는 알려지지 않은 비밀은 언제나 드러날 수 있음을 말한다. 사회적인 지위를 박탈당하지 않으려면 품행에 주의하라. 이 카드는 평범한 일상에서 벗어나려고 하는 당신에게 경고한다. 지금 멈추는 것이 좋다.

원소 스프레드로 금전 운에 대해 질문 했을 때

▶ 금전운을 얻기 위해 당신이 직관이 집중해야 하는 것
지금까지 와는 달라져야 하는 당신의 변화에 집중하라. 이제 시작이다.

▶ 당신이 금전운을 얻기 위해 알아야 하는 지식
세상은 변화하고 나뉘고 합쳐지기를 반복한다. 그 순간을 잘 파악할 수 있다면 그것은 돈이 되어 돌아올 것이다.

▶ 당신이 금전운을 얻기 위해 가져야 하는 감각
당신 스스로의 본능을 믿어라. 세상에 중립적인 조언자는 그리 흔하지 않다.

▶ 당신의 영혼을 위해 돈이 필요한가
당신의 평온한 휴식과 영혼 발견을 위해서는 지금 돈이 필요하다.

▶ 당신의 진짜 생각은?
어쩌면 당신은 불건전한 이유로 돈이 필요해 질문을 했을지 모른다. 처음의 이유야 어찌되었건 돈을 벌게 된다면 좋은 곳에 쓰도록.

종합적인 해석:
당신은 이제 변화에 집중해야 한다. 당신은 세상의 변화에 눈을 떠야 하고 당신의 직관이 세상으로 향해 있다면 당신의 감각은 본능적으로 필요한 것을 느끼게 될 것이다. 당신은 분명히 돈을 원하고 있다. 그러나 당신의 의도는 불건전할 수도 있다. 그러나 처음의 목적이 좋지 못한 이유일 수도 있다. 가능하다면 당신의 목적이 돈을 버는 과정을 통해 변화하길 바란다. 그래야 당신의 부가 지속될 것이기 때문이다.

원소 스프레드로 애정 운에 대해 질문 했을 때

▶ 애정운을 얻기 위해 당신이 직관이 집중해야 하는 것
당신은 변화해야 한다. 사랑을 얻기 위해. 또는 사랑을 지키기 위해.

▶ 당신이 애정운을 얻기 위해 알아야 하는 지식
지금은 당신이 외로움을 느낄 수도 있다. 하지만 세상은 원래 헤어지고
만나기를 반복하는 곳이다.

▶ 당신이 애정운을 얻기 위해 가져야 하는 감각
본능적으로 도움이 되지 않는 충고를 피하는 능력을 키워야 한다.

▶ 당신의 영혼은 어떤 애정을 바라는가?
결혼의 상대자. 영혼의 반려자. 그리고 함께 편안히 휴식할 수 있는 사람.

▶ 당신의 진짜 생각은?
혹시 당신의 마음의 상대자가 기혼자이거나 사회 통념상 잘못된 관계
는 아닐까? 카드는 질문하고 있다. 정말 그 사람이 아니면 안 되겠냐고.

종합적인 해석:
당신은 지금 사랑을 얻기 위해 노력해야 한다. 지금 당장 외롭다고 아
무 상대나 찾으라고 하는 것이 아니라. 인간의 관계는 때로는 헤어질 수
도 다시 만날 수도 있음을 깨달아야 한다는 것이다. 당신의 애정 운이 개
선되려면 주변사람을 정리할 필요가 있겠다. 당신의 꿈은 행복한 가정이
아닌가? 당신이 영혼은 휴식의 때를 기다리고 있다. 그러나 당신의 마음
속을 다시 한번 보아야 한다. 진짜. 그 사람이냐고.

타로카드 스프레드

원소 스프레드로 비지니스에 대해 질문 했을 때

▶ 비즈니스의 성공을 위해 당신이 직관이 집중해야 하는 것

당신의 비즈니스는 이제 시작이다. 당연히 당신은 모든 에너지를 이곳에 집중해야 한다.

▶ 비즈니스의 성공을 위해 알아야 하는 지식

당신에게 필요한 것은 시장의 동향을 빨리 파악하는 것이다. 이 변화의 시기의 틈새시장이 당신이 공략해야 할 대상이다.

▶ 당신의 비즈니스를 위해 필요한 감각

세상의 모든 사람들은 당신의 경쟁자다. 당신의 사업이 잘 되기 바라는 사람은 당신의 투자자일 것이다. 당신이 충고를 부탁한 바로 그 사람이 경쟁자일 수도 있다. 충고나 조언을 골라낼 수 있는 감각이 필요하다.

▶ 당신의 정신이 필요로 하는 것

당신은 비즈니스에서도 서로 배려하기를 바란다. 그런 생각을 가지고 있다면 사업은 할 수 없다. 당신의 정신은 기댈 곳을 필요로 하고 있지만 아직은 그런 때가 아니다.

▶ 당신

비즈니스를 위해 당신이 관계를 맺고 있는 사람들 중에 문제가 있다. 당신의 사업은 지금도 모험이다. 더 큰 모험은 위험이다.

종합적인 해석:

당신은 사업에 집중해야 한다. 시장의 동향을 파악하고 당신 주변의 경쟁자들이 무엇을 생각하고 어떤 것을 준비하고 있는지 알아야 한다. 경쟁세계에선 승자가 곧 진리라는 사실을 기억해야한다. 서로 배려하거나 이해하는 일은 존재할 수 없다. 그렇다고 당신조차 기본을 잊어선 안 된다. 비밀정보. 내부거래. 그 무엇도 안전할 수 없고 언젠가 밝혀지기 마련이다. 당신이 사업에 집중한다면 어차피 성공할 수 있다. 그것이 당신의 재능이다.

▶비지니스에 관한 질문의 해석에 있어서 시간의 문제는 핵심적인 내용일 수 있다. 지금이 가능한 때인가는 프로젝트의 향방을 결정하는 데 중요한 요소가 된다. 위치 상으로는 3번 위치에 이러한 내용이 나타나는데, 비지니스의 감각 중 언제나 필요한 것이 시간에 대한 감각이다.

타이밍은 지원자, 돈과 함께 비지니스의 핵심이다. 따라서 3번 위치를 통해 질문자의 감각이 준비되어 있는지 확인할 필요가 있다.

타로카드 스프레드

◆ 원소 스프레드의 핵심

원소스프레드는 내면에 대해 질문하고 답변하는 스프레드이다. 무엇이 부족하고 무엇이 넘치는가. 그리고 무엇이 잘못되었는가. 어떻게 해야 하는가. 그 모든 핵심을 내면에 두고 있는 스프레드이다.

♥ 원소 스프레드의 문제점

원소 스프레드는 뜬금없는 답을 내기도 한다. 당장 돈이 들어올까 하는 질문에 대해 "그 돈이 진짜 필요한가?"는 답변이 나온다면 좀 황당할 것이다.

♥ 원소 스프레드의 장점

원소 스프레드는 모든 문제의 근원을 찾아내는데 효과적이다. 문제를 깨닫고 당신을 발전시키는데 도움을 줄 수 있다. 가장 중요한 것은 당신 내면의 발전이다.

♡ 원소 스프레드의 종합적인 해석

변화하는 세상 속에서 당신이 알아야 하는 것은 삶은 언제나 새롭다는 것이다. 당신은 세상을 스스로 변화시켜 껍질을 깨고 세상을 향해 나아가야 한다. 그 과정에서 모든 것을 결정하는 것은 당신이다. 당신의 본능은 알고 있다. 모든 해답이 당신의 무의식 저 너머에 있음을 그리고 당신이 돌아갈 곳. 고향. 가족. 집. 그 어떤 곳이든 당신에게는 바탕이 되는 그곳을 지켜내는 것은 당신이다. 그곳을 버리는 것도 지켜내는 것도 당신의 손에 달려 있다.

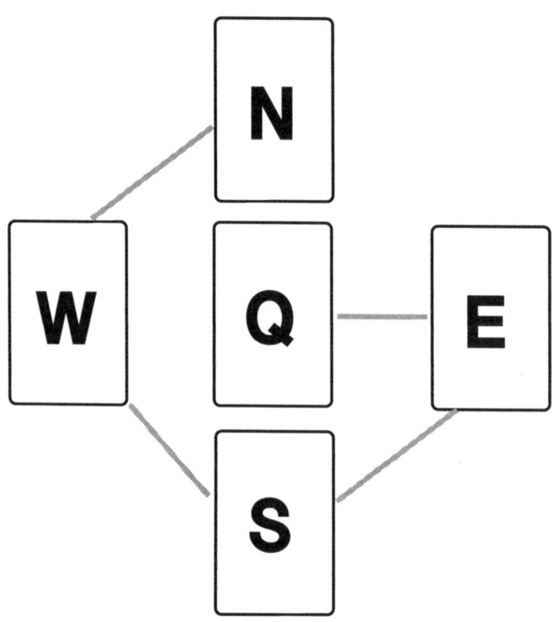

'나 지금 어디지?' (Where am I)

▶ 무엇을 해야 할 지 모를 때.

▶ 지금 어디 까지 해냈는지 알 고 싶을 때

Spread info : 스프레드 설명

첫 번째 놓인 카드 : 당신
두 번째 놓인 카드 : (동쪽) 앞으로 나아가려는 당신
세 번째 놓인 카드 : (남쪽) 휴식하려는 당신
네 번째 놓인 카드 : (서쪽) 지금까지 당신이 해 낸 것
다섯 번째 놓인 카드 : (북쪽) 최종목표까지의 거리

'나 지금 어디지' 스프레드는 열심히 달리고 있는 앞으로 얼마나 더 많이 달려야 하는지 알고 싶을 때 유효하다. 앞길이 막막하고 얼마나 더 버텨야 할지 궁금할 때도 질문할 수 있다. 무엇보다 당신 스스로가 무슨 생각을 하고 있는지 알고 싶을 때 사용할 수 있다.

▶ 현실적으로 판단력은 모든 일에 성패를 가르는 핵심이다. 그 판단의 기준은 질문자가 가지고 있는데 대부분 이것을 깨닫지 못해 점술가를 찾아오게 된다. 질문자의 기준이지 타로카드를 읽어주는 사람의 기준이 아니라는 것을 기억해야 한다. 기준을 왜곡하면 결과가 달라질 수 있기 때문에 질문을 이해하기 위해서 질문자에게 해석의 방향을 선택하게 하는 것이 좋다. 그것이 가장 좋은 방법이다.

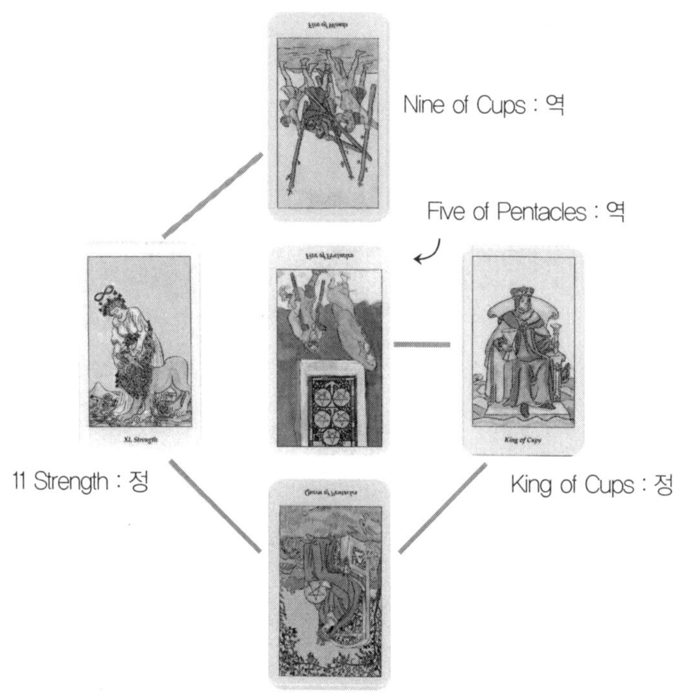

사용 카드 : 베이직 웨이트 타로카드

모든 것이 흘러내려 사라지고
담을 수 없는 컵은 등 뒤에 숨겨져
알 수 없는 미래가 다가 오기 전에
남은 것을 움켜쥐고 시작한다면
어쩌면 다음에는
원하는 것을 얻을지도 모를 것이다.

타로카드 스프레드

당신. Nine of Cups : 역

간단키워드 : 육체적인 만족감을 얻다.

진실된 행동, 당신에게 충실한사람들, 때로는 그 반대인 진실하지 못한 행동, 당신주변의 충실하지 못한 사람들.

(동쪽) 앞으로 나아가려는 당신. King of Cups : 정

간단키워드 : 정확하고 바른사람, 하지만 당신이 힘들어 하는 사람.

올바르고 정의로운 사람, 직업이라면 법조계, 사장이거나 당신의 상사, 때로는 원치 않는 선택을 강요하는 아버지일 수 있다.

(남쪽) 휴식하려는 당신. Queen of Pentacles : 역

간단키워드 : 그녀는 좋은 답을 줄 것이다.

절대적인 악, 세계를 부수려는 음모, 범죄의 혐의.

(서쪽) 지금까지 당신이 해 낸 것. 11 Strength : 정

간단키워드 : 내제된 에너지는 어디로 흘러갈지 모르는 것, 조절할 수 있는 자가 승리자다.

강한 힘, 끝나지 않는 에너지, 빠른 행동, 뒤로 물러서지 않는 용기, 정직함이 바탕이 되는 고결함.

(북쪽) 최종목표까지의 거리. Five of Pentacles : 역

간단키워드 : 금전적인 문제를 벗어나기 위한 선택

상황을 파악하지 못하다, 다시 일어설 수 있는 기틀조차 남지 않은, 생각 없는 소비.

'육체적인 만족은 없다' 라는 간단 키워드가 에이스라면 해석할 깨 '인간적인 문제' 가 해석의 중심이 될 수 있다. 인간적인 문제는 사회적인 위치, 친구 관계로 핵심이 될 수 있지만 대부분의 경우 질문자 자신의 선택이 모든 문제의 근원이 되기 때문에 질무자가 문제의 핵심을 벗어나 주변 상황을 탓한다면 해석의 만족도가 낮을 수 있다.

질문의 내용에서 핵심이 되는 것을 파악하는 것은 중요하너 해석은 질문자가 할 수 있는 한계점 내에서 하는 것이 바람직하다.

타로카드 스프레드

'나 지금 어디지?' 로 금전 운에 대해 질문 했을 때

▶ 금전운을 얻기 위한 당신
극단적인 판단이 필요한 상황. 아주 좋을 수도 그 반대일 수도 있다.

▶ 앞으로 나아가려는 당신에게
목표를 달성하기 위해 규칙을 어기는 것은 좋지 못하다. 당신은 항상 올바르고 정의로운 것을 선택해야 한다.

▶ 휴식하려는 당신에게
당신에게 휴식을 권한 사람은 당신의 경쟁자. 아직 쉴 때가 아니다. 그건 당신을 위하는 사람이라면 누구나 알고 있다.

▶ 지금까지 당신이 해 낸 것
충분히 돈을 벌 수 있는 배경. 인맥.

▶ 얼마쯤 남았을까?
당신은 너무 많이 써버렸다.

종합적인 해석:

당신은 지금까지 많은 것을 해냈지만 그 만큼 많이 써버렸다. 더 빨리 달리기 위해 규칙을 무시하고 싶은 생각도 들겠지만 결과만큼 그 과정도 중요하다. 지친 당신이 쉴까 하고 고민하는 사이에 경쟁자는 당신의 자리를 차지하려고 생각하고 있다. 당신의 배경과 인맥은 시간이 지나면 사라져 버릴 수 있다. 어쩌겠는가 너무 많이 써버렸는걸. 아직은 쉴 수 없다. 더 많이 쓰려면 더 많이 벌어야 하지 않겠는가.

'나 지금 어디지?' 로 애정 운에 대해 질문 했을 때

▶ 당신

극단적인 카드. 당신을 사랑하는 사람들. 혹은 당신을 속이고 있는 사람들

▶ 애정을 지속하려는 당신

당신의 선택은 스스로의 판단이 아닐 수도 있다. 주변의 강요로 선택하는 거라면 좀더 생각해 보라.

▶ 충분하다고 생각하고 쉬려는 당신

무언가 정상적이지 못하고 이상한 일이 생기고 있다.

▶ 당신이 지금 해 낸 것

당신은 아직까지 사랑하고 있다는 것

▶ 당신의 목표를 이루려면 얼마나 남았나.

당신은 지치고 슬픔에 빠져있다.

종합적인 해석:

당신은 괴로움을 느끼고 있다. 당신을 속이고 있지 않은지. 아니면 자신이 모르는 또 다른 문제가 있는 것은 아닌지 끊임없이 당신은 고민하고 있다. 그래서 포기할까 하고 생각하고 있지만 지금 상황이 이상한 것은 확실하다. 문제를 그대로 내버려 둘 수는 없다. 왜냐하면 당신은 아직 사랑하고 있기 때문이다. 지치고 힘든 당신에게 조언한다면 아직은 쓰러지지 말고 버텨야 할 때다. 당신의 사랑은 아직 끝나지 않았으니까.

타로카드 스프레드

'나 지금 어디지?' 로 비지니스에 대해 질문 했을 때

▶ 비즈니스를 위한 당신

당신의 위치는 비즈니스의 폭풍 그 이하도 이상도 아니다. 당신은 소용돌이의 한가운데 있다. 의지할 사람은 많으나 믿을 수 없는 사람도 많다. 그러나 당신은 이 상황에 만족하고 있다.

▶ 현재의 목표를 진행하려는 당신

당신의 목표는 분명하다. 당신의 목표를 지지하는 사람도 있다.

▶ 휴식하려는 당신에게

당신이 삼손이라면 혹시 드릴라가 있는 것은 아닐까? 당신이 쉴 때가 아니라는 것은 당신 스스로가 잘 알고 있다.

▶ 지금까지 당신이 해낸 것

당신은 세상이라는 빠른 변화의 물결 속에서도 지치지 않는 에너지를 유지하고 있다. 당신은 지금까지의 경험으로 그것을 얻었다.

▶ 얼마쯤 남았을까?

당신에게도 한계가 있다는 것을 고려하라. 당신이 지금 목표까지의 거리를 가늠하는 이유는 에너지가 바닥을 드러내기 시작했기 때문이다.

종합적인 해석:

비즈니스에서 휴식이란 없다. 비즈니스에서 영원한 동반자란 없다. 사업의 성공을 위해서는 이성의 친구란 방해물만 될 수도 있다. 당신은 지금까지 충분한 힘으로 열심히 달려왔다. 이대로 유지한다면 당신의 전망은 밝다. 하지만 당신의 체력. 힘의 한계도 고려하기 시작할 때가 되었다. 목표는 점점 더 커질 것이고 당신은 계속 새로운 목표를 찾아낼 것이기 때문이다. 당신은 야망으로 가득 찬 사람이다. 그러니 그 모든 목표를 해내려면 스스로를 관리할 때다.

▶ 비지니스의 해석에서의 중요한 기점은 질문자의 상태이다.
앞으로의 결과를 만날 때까지의 기간을 버틸 수 있는가, 아니면 포기해야 할 지도 모른다는 것이 해석의 중심이 되어야 한다. 끝까지 하기 위해서 너무 많은 것이 필요하다면, 지금부터의 투자에 신중해야 한다. 결과로 부터 얻는 것에 비해 앞으로 더 많이 투자해야만 한다면, 끝까지 해보겠다는 것은 결국에 가서 도움이 되지 않기 때문이다.

▶ 해석으로 보아 질문자는 '하이텐션 컴플렉스' 를 가지고 있다.
목포가 높아야 만족하고 목표가 클수록 에너지를 느낀다. 그것 때문에 위치 파악도 쉽지 않다. 객관적인 입장에서 자신을 되돌아 보도록, 질문자의 마음을 휴식상태로 유도할 필요가 있다.

타로카드 스프레드

♡ 나 지금 어디지? 의 종합적인 해석

당신의 기준은 현실적인 만족. 그 현실적인 만족을 위해 당신은 어디쯤 가 있는 것일까? 당신은 기준을 지키면서도 해낼 수 있다고 생각한다. 그러나 왜 일까. 당신을 방해하는 것도 바로 그런 규칙이다. 규칙을 살짝 무시하면 좀더 쉽게 뛰어갈 수 있다는 사실이 자꾸 당신을 멈추게 만든다. 그러나 당신은 지지 않을 것이다. 그런데 현실적인 만족과 올바른 삶이 같은 기준에 놓여있지 않을 수도 있다. 어느 쪽을 택하실 것인가?

◆ 나 지금 어디지? 의 핵심

내가 어디 있는가. 삶의 어디쯤 서 있는가. 대체 무엇을 해야 할지. 열심히 달려왔는데 얼마나 더 해야 하는지를 보여준다.

♥ 나 지금 어디지? 의 문제점

이 스프레드의 문제점은 은유적이라는 점이다. 직접적으로 해석하기에는 해석이 다양하다. 콕 집어서 말하기에는 어려운 스프레드이다.

♥ 나 지금 어디지? 의 장점

이 스프레드는 당신이 처음 무엇을 꿈꾸었는가를 되돌아 볼 때 가장 많은 것을 보여준다. 이 스프레드는 당신이 마지막에 성취해야 하는 진정한 꿈을 말하는 것이다.

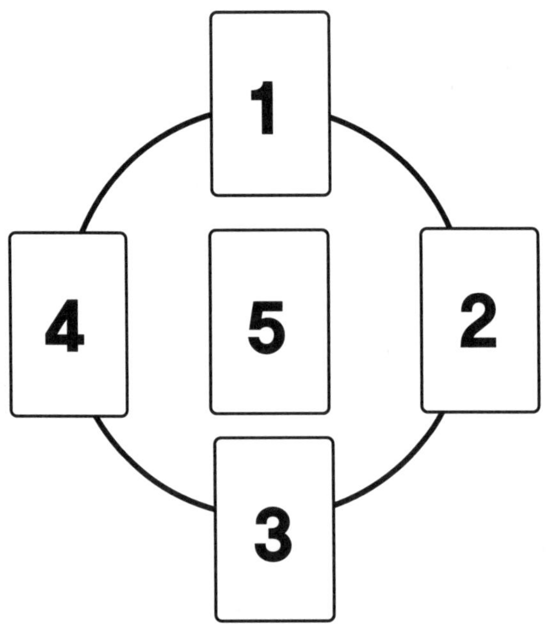

엘리파스 레비 휠 스프레드 (Eliphas Levi Wheel Spread)

▶ 현재의 상황과 전망에 대해 알고 싶을 때.

▶ 무언가 알 수 없는 두려움이 느껴질 때.

타로카드 스프레드

Spread info: 스프레드 설명

첫 번째 놓인 카드 : 현재 상황
두 번째 놓인 카드 : 당신이 해결했거나 해결 할 수 있는 장애물
세 번째 놓인 카드 : 당신이 예상치 못했던 문제 또는 숨겨진 영향력
네 번째 놓인 카드 : 곧 발생할 문제 또는 영향력
다섯 번째 놓인 카드 : 종합적인 평가.

엘리파스 레비의 바퀴는 현실적인 문제에 대한 질문에 용이하다. 당신이 계획하고 있는 일에 대해 고민하고 있을 때 또 다른 숨겨진 문제가 없는지 답변해 주는 좋은 배열법이다. 꼼꼼하게 모든 일을 점검하고 싶을 때 사용하는 것을 추천한다.

▶ 원형의 상징은 반복을 은유적으로 표현한다. 따라서 원형의 상징으로 만들어진 모든 것들은 반복되고 벗어날 수 없는 상황을 보여준다. 따라서 원형으로 만들어진 모든 스프레드의 중심에는 그것을 끌어낼 수 있는 계기, 또는 시발점이 존재할 수 있다. 원에는 시간도 끄또 없다. 그저 무한위 존재할 뿐이다.

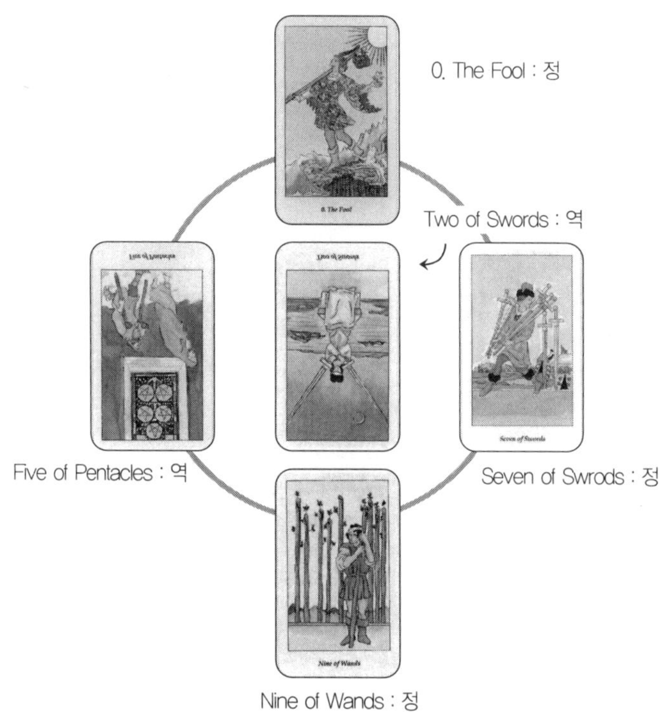

사용 카드: 베이직 웨이트 타로카드

변명은 변명일 뿐.
시작하는 당신의 손에는 아무 것도 남지 않았다.

고민은 시작이 따르는 법.
남의 것을 빼앗아 시작하는 것은 도둑질이다.

눈치만 보며 시간을 낭비하면
마지막에는 시간조차 사라진다는 것을 환탄하게 될 것이다.

타로카드 스프레드

현재 상황.

0. The Fool : 정

간단키워드 : 절제한다면 미래로, 절제하지 못한다면 나락으로 향한다.

자신만이 아니라 주변사람들까지 뒤흔들다. 한곳에 빠지면 정신을 차라지 못하는 사람. 미친 듯이 행동하다. 상황을 가리지 않고 화를 내다. 금전적으로 불안정한.

당신이 해결했거나 해결 할 수 있는 장애물.

Seven of Swrods : 정

간단키워드 : 가져야할 이득을 모두 가지지 못하다.

계획은 성공이지만 완벽하지 못하다. 희망한 것들을 이룰 수 있다. 논쟁이 생기거나 싸움이 일어난다면 실패할 수 있다.

Nine of Wands : 정

간단키워드 : 잠시 동안 쉬는 편이 좋다. 움직이는 만큼 반대를 받게 된다.

자신의 선택에 대한 반대를 겪다. 프로젝트가 연기되다. 수입이 정지되다. 받아야 할 돈을 늦게 받게 되다.

Five of Pentacles : 역

간단키워드 : 금전적인 문제를 벗어나기 위한 선택.

상황을 파악하지 못하다. 다시 일어설 수 있는 기틀조차 남지 않은. 생각 없는 소비.

Two of Swords : 역

간단키워드 : 때로는 균형을 지키기 위해 고통을 겪어야 할 때도 있다.

진실하지 못한. 성실하지 못한.

엘리파스 레비 휠로 금전 운에 대해 질문 했을 때

　▶ 당신의 현재 금전운
극도로 불안정하고 정리되어 있지 않다.

　▶ 당신이 해결한 문제 혹은 해결 할 수 있는 장애물
당신은 문제를 해결했거나 해결중이다.

　▶ 당신이 예상치 못했던 문제 또는 숨겨진 영향력
받아야 할 돈을 늦게 받게 되다.

　▶ 곧 발생할 문제 또는 영향력
큰 문제가 발생해 좌절하게 될 것이다.

　▶ 그래서 금전운은 어떠한가
별로 좋지 못하다.

종합적인 해석:

　당신은 매우 불안정하고 돈 문제가 많다. 지금은 겨우겨우 막아내고 있지만 당신에게 청구서가 너무 많이 날아오고 있다. 결국 당신이 예상하지 못하게 돈을 늦게 발생하는 일이 발생하면 당신의 신용은 바닥나고 좌절하게 될 것이다. 당신의 금전운은 현재 별로 좋지 못하다. 그것은 당신의 성실도에 문제가 있기 때문이다. 지출을 연기하고 당신의 평가를 높이려고 노력해야만 한다. 그래야만 당신을 반대하는 사람들을 줄일 수 있다.

엘리파스 레비 휠로 애정 운에 대해 질문 했을 때

▶ 당신의 현재 애정운
당신은 폭풍과 같은 연애를 즐긴다.

▶ 당신이 해결한 문제 혹은 해결 할 수 있는 장애물
당신은 경쟁자를 제쳤지만 싸움은 피할 수 없다.

▶ 당신이 예상치 못했던 문제 또는 숨겨진 영향력
상대자의 부모님의 반대를 겪거나 결혼. 약혼등 큰 행사의 일정이 연기
될 사건이 발생할 수 있다.

▶ 곧 발생할 문제 또는 영향력
당신은 현재 미래를 내다보고 있지 못하다.

▶ 그래서 애정운은 어떠한가.
당신의 상대자. 혹은 당신은 그리 성실한 배우자가 아니다.

종합적인 해석:
당신은 경쟁자를 제치고 상대자를 얻었지만 덕분에 큰 논쟁거리의 중
심이 되어버렸다. 그러나 당신이 예상한대로 일이 진행되지 않고 소소한
문제가 계속되고 있다. 당신이 발생할 수 있는 문제들을 고려하지 않은
탓이다. 결국 어쩌면 당신이 그만큼 노력하고 있지 않아서 일 수 있다. 상
대자에 대해 꼼꼼히 점검해 보고 자신도 점검해야 한다. 당신의 목표를
이루려면 아직 안심할 수 없다.

타로카드 스프레드

엘리파스 레비 휠로 비지니스에 대해 질문 했을 때

▶ 당신의 현재 비지니스

당신은 많은 돈을 소비하며 앞으로 달려가고 있다.

▶ 당신이 해결한 문제 혹은 해결 할 수 있는 장애물

계획의 부족함을 더 꼼꼼하게 점검하고 다른 사람들과 논쟁이 없도록 미리 주변의 의견을 수렴할 수 있다.

▶ 당신이 예상치 못했던 문제 또는 숨겨진 영향력

당신은 금전적인 문제를 고려하지 않고 있다. 금전 적인 문제는 결국 당신의 프로젝트가 연기되는 상황을 만들 수도 있다.

▶ 곧 발생할 문제 또는 영향력

당신이 예상하지 못했던 문제가 모든 일의 방해가 될 것이다.

▶ 그래서 결론적으로 어떠한가.

당신은 앞으로 더 열심히 일해야 할 것이다. 지금까지 이루었던 것을 모조리 빼앗기고 다시 시작해야 할지도 모르기 때문이다.

종합적인 해석:

당신은 무계획적으로 사업을 진행하고 있다. 사업의 기본이 되는 자금의 흐름에 대해 당신은 너무 무지하다. 모든 문제의 초점은 금전을 향해 있다. 그것을 극복하기 위해서 당신은 좀 더 열심히 일할 필요가 있다. 충분히 열심히 일하고 있다고 생각한다고 해도 더 열심히 일하라. 당신이 몰라서 손해 보는 것들을 채우려면 더 열심히 일해야 할 필요가 있다.

♡ 엘리파스 레비 휠의 종합적인 해석

현재 상황은 매우 불안합니다. 당신은 외줄을 타는 것과 다르지 않다. 당신은 논쟁을 해결할 수 있지만 해결만(!) 될 뿐이다. 논쟁을 해결했다고 모든 것이 완성된 것은 아니다. 당신은 아직도 많은 문제점을 생각하지 못하고 있다. 모든 것에는 자원이 필요하다. 인원. 돈. 그리고 정신적인지지. 당신에게는 그 모든 것이 부족하다. 당신의 진실성을 입증하라. 지금 해야 할 일은 외줄타기를 그만하고 다리를 놓는 일이고 함께 다리를 놓아줄 동반자를 찾는 것이다.

◆ 엘리파스 레비 휠의 핵심

수레바퀴의 중심에는 모든 것을 이해하는 원형이 들어있다. 엘리파스 레비 휠은 모든 것을 고려한 당신의 선택을 보여준다. 당신의 심장에 들어있는 진짜 선택은 무엇일까.

♥ 엘리파스 레비 휠의 문제점

이 스프레드의 문제점은 최종선택이 그리 현실적이지 않을 수 있다는 점이다. 해석하는 사람에 따라서 달라지는 스프레드가 아니라 질문자에 따라서 결과가 달라질 수 있는 스프레드이기 때문에 리더의 능력은 고려 대상이 아니다.

♥ 엘리파스 레비 휠의 장점

핵심을 명확하게 보여준다. 사실 1-4번까지의 카드는 그저 당신의 눈을 가리고 있는 것들을 알려주기 위한 것이다. 그것을 하나하나 벗겨내고도 남는 최후의 핵심. 그것을 보여주는 운명의 수레바퀴가 엘리파스 레비 휠이다.

타로카드 스프레드

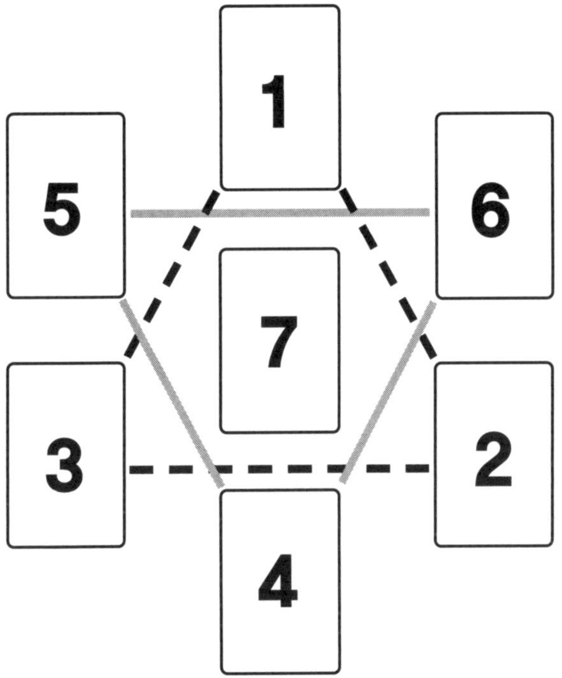

매직세븐 스프레드 (Magic 7 Spread)

▶ 미래의 전망을 예측 할 때

▶ 무엇을 해야할 지 알 수 없을 때

▶ 계획을 세우고자 할 때

Spread info: 스프레드 설명

첫 번째 놓인 카드 : 현재와 연결된 과거

두 번째 놓인 카드 : 현재

세 번째 놓인 카드 : 가까운 미래

네 번째 놓인 카드 : 제안할 수 있는 해결책

다섯 번째 놓인 카드 : 현재의 상태에서의 영향

여섯 번째 놓인 카드 : 반대, 장애물

일곱 번째 놓인 카드 : 예상되는 결과

이것은 당신에게 플랜을 제시한다. 현재 그대로 있으면 당신의 미래가 어떻게 될 것인지. 문제가 있다면 무엇으로 해결 할 수 있는지. 그리고 당신이 예측 할 수 있는 가까운 미래를 제안한다. 이 스프레드로 당신은 단기간의 계획을 세울 수 있다.

▶1-2-3번 위치의 카드들이 만들어 낸 삼각형과 4-5-6번의 카드들이 만들어 낸 삼각형은 서로 반대의 상황일 수 있다. 기준은 4번 위치의 카드. 4번 위치를 선택하면 달라지는 상황을 보여주는 것이 5-6번 위치의 카드이다. 7번 위치는 질문자가 선택할 수 있는 한계치를 보여주는데 바람직한 미래를 선택할 능력이 있을 때는 4-5-6번 위치와 7번 카드의 위치가 서로 연결될 수 있지만 질문자가 바람직한 미래를 선택할 수 없으면 1-2-3번 위치와 연결되어 운명을 완성하게 된다.

타로카드 스프레드

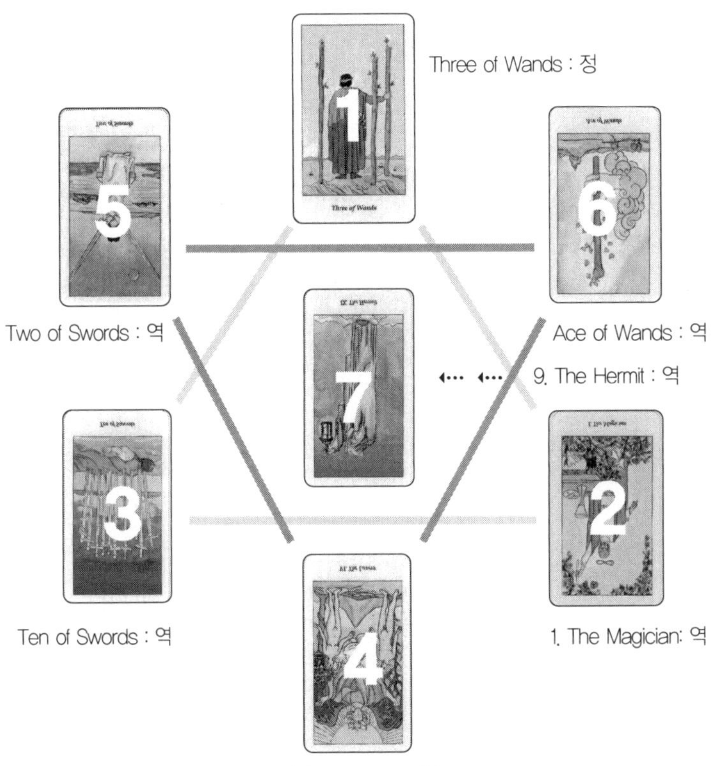

사용 카드: 베이직 웨이트 타로카드

과거의 노력은
변화를 원하는 사람사람의 에너지 근본이다.

당신이 아직 붙들고 있는 과거의 결과물은 끔찍하지만
단기적인 고통을 견뎌내게 한다.

당신은 알고 있다.
믿을 사람은 자신밖에 없다는 것을

현재와 연결된 과거. **Three of Wands : 정**

간단키워드 : 당신은 결과를 얻을 것이지만, 생각보다 보잘것없는 것일 수 있다.

지나온 일들을 추억하며 자신이 가진 것들을 내려다 보다, 금전적인 재능을 가지고 있는 사람이 가진 결과, 비즈니스와 관련된 재능을 발휘하기 위해 준비하는 상태.

현재. **1. The Magician: 역**

간단키워드 : 당신이 가진 능력대로, 어쩌면 상상하는 대로 이루어지다.

일을 해결할 능력, 마법사, 심리적인 질병, 루머(소문)로 인한 불명예, 차분하지 못한.

가까운 미래 **Ten of Swords : 역**

간단키워드 : 고통과 슬픔, 하지만 단기적인

절망의 시간은 끝나고 이제 일어설 시기, 이 시기를 잘 잡는다면 이득을 얻을 것이고 다시 절망하지 않을 수도 있었을 것이다, 그러나 과거에 절망의 시간이 있었음을 기억하라, 그리고 더 이상의 실수가 일어나지 않도록 경계하라.

제안할 수 있는 해결책 6. The Lovers : 역

간단키워드 : 섣부른 유혹에 넘어가지 않는다면 이롭다.

부적절한 계획으로 인해 실패하다. 원인이 자신에게 있는 창피한 손실.

현재의 상태에서의 영향 9. The Hermit : 역

간단키워드 : 숨겨진 비밀이라는 것은 생각보다 하찮은 것일 수 있다.

숨겨진 음모. 겉모습과는 다른 사람들. 긴장감을 늦추어서는 안 되는 상황. 이유를 알 수 없는 경고.

반대, 장애물 Ace of Wands : 역

간단키워드 : 성공할 가능성이 더 높다, 실패한다고 해도 이것은 성공의 기반이 될 것이다.

행운의 별이 당신의 머리 위에서 떠나다, 사회적인 삶에서 소외되다. 약간의 소득을 얻었지만 안심할 수 없다.

예상되는 결과 Two of Swords : 역

간단키워드 : 때로는 균형을 지키기 위해 고통을 겪어야 할 때도 있다.

진실하지 못한. 성실하지 못한.

매직세븐 스프레드로 금전 운에 대해 질문 했을 때

▶ 현재에 영향을 끼치는 당신의 과거의 금전

당신은 과거에 충분한 금전운을 가지고 있었다.

▶ 현재의 금전상태

현재는 좋지 못한 상태이며 바로 해결할 수 있는 상태는 아니다.

▶ 가까운 미래의 금전상태

재기의 타이밍이 주어질 것이다.

▶ 당신에게 제안할 방법

이전의 계획의 실패는 당신 탓이다. 이번에는 실패하지 않도록 준비하라.

▶ 현재 상태에서 당신의 금전에 영향을 끼칠 것들

당신이 알지 못하는 것들이 아직 많이 남아있다. 알아낼 때까지는 안전하지 못하다.

▶ 당신의 금전의 이익을 막는 장애물

운이 별로 좋지 못하기 때문에 대박을 기대할 수는 없다.

▶ 예상되는 결과

예상만큼의 결과를 얻지 못할 수 있다.

종합적인 해석:

당신이 과거에 충분한 돈을 가지고 있던 시기는 끝났다. 지금은 좋지 못한 상태이고 해결책을 찾지 못하고 있다. 물론 이 전에 사람들에게 충분히 좋은 인상을 심어주었기 때문에 당신을 도와줄 사람이 나타날 것이다. 잊지 말아야 할 것은 당신의 실패가 모두 당신 탓이란 점이다. 이번에는 실패하지 않도록 당신이 아직 모르는 시장상황에 대해 공부하고 너무 많은 것을 바라지 않는 것이 좋다.

타로카드 스프레드

매직세븐 스프레드로 애정 운에 대해 질문 했을 때

▶ 현재에 영향을 끼치는 당신의 과거의 애정

당신은 과거에 상대자가 있었거나. 혹은 충분한 애정을 받았다.

▶ 현재의 애정운

현재는 과거의 연애의 종결로 인해 주변의 루머에 시달리고 있다.

▶ 가까운 미래

새로운 연애는 금방 찾아 올 것이다.

▶ 당신에게 제안할 방법

지난번처럼 실수 하지 않도록 준비하라.

▶ 현재 상태에서 당신의 애정에 영향을 끼칠 것들

당신을 질투하고 음해하려는 세력

▶ 당신의 애정을 막는 장애물

새로운 파트너를 만나게 되더라도 지금까지의 인간관계들은 이미 끝났다.

▶ 예상되는 결과

당신은 정말 애정에 집중할 생각이 있는가? 당신은 충분히 노력하고 있지 않다.

종합적인 해석:

당신은 주변의 친구관계에서 파트너를 찾는 좋지 못한 버릇이 있는지도 모른다. 오랜 친구관계를 연애 한방에 날려버리고 주변 친구들의 입담에 오르내리고 있는 당신은 지금 위축된 시기. 물론 새로운 연애는 언제나 금방 다시 시작할 수 있다. 하지만 이제는 주변에서 찾지 말고 더 먼 곳으로 눈을 돌려라. 그래도 당신이 연애를 시작한 것을 알게 되면 방해 공작이 시작될 것이다. 당신을 방해할 수다쟁이들과 인연을 끊고 새로 시작하라. 그걸 못하겠다면 연애는 포기하라.

매직세븐 스프레드로 비지니스에 대해 질문 했을 때

▶ 현재에 영향을 끼치는 당신의 과거의 비지니스

당신은 충분한 비즈니스의 재능을 가지고 있었다.

▶ 현재의 금전상태

당신의 능력을 충분히 발휘하고 있는 상태가 아니다.

▶ 가까운 미래

현재 당신의 장애물을 기억하고 미래에는 그것이 장애물이 되지 않도록 꼼꼼하게 대비해야 한다.

▶ 당신에게 제안할 방법

비즈니스의 계획은 환상이 아니다. 멋져 보이는 것을 선택하는 것이 아니라 현실적인 것을 선택하라. 당신의 목적은 성공이다. 그것에 집중하라.

▶ 현재 상태에서 당신의 비지니스에 영향을 끼칠 것들

정보의 부족. 당신에게서 정보를 빼앗기 위해 숨어있는 첩자들. 당신은 이 경고를 이해할 수 없겠지만 나중이 되서야 알게 될 것이다.

▶ 당신의 비즈니스를 막는 장애물

운이 별로 좋지 못하기 때문에 대박을 기대 할 수는 없다.

▶ 예상되는 결과

일부를 포기한다면 결과를 얻을 수도 있다.

종합적인 해석:

당신이 과거에 충분한 돈을 가지고 있던 시기는 끝났다. 지금은 좋지 못한 상태이고 해결책을 찾지 못하고 있다. 물론 전에 사람들에게 충분히 좋은 인상을 심어주었기 때문에 당신을 도와줄 사람이 나타날 것이다. 잊지 말아야 할 것은 당신의 실패가 모두 당신 탓이란 점이다. 이번에는 실패하지 않도록 당신이 아직 모르는 시장상황에 대해 공부하고 너무 많은 것을 바라지 않는 것이 좋다.

타로카드 스프레드

♡ 매직 세븐 스프레드 의 종합적인 해석

육망성의 중심에 당신이 선택이 자리 잡고 있다. 당신의 목표는 진실한가? 당신은 그 목표를 위해 충분히 집중하고 나아가고 있는가? 당신의 시작은 성경구절처럼 미약했다. 부족한 당신에게 기회가 주어졌으니 당신은 두 손을 다해 붙들어야 한다. 육망성을 완성하는 마지막 꼭짓점은 당신에게 행운의 별이 다가올 것이라고 예언한다. 당신은 충분히 성공할 운을 가지고 있다. 그것으로 충분하지 않은가?

◆ 매직 세븐 스프레드 의 핵심

육망성의 중심에 들어있는 것이 결과. 당신의 모든 생각이 최종적인 결과에 집중하고 있을 때 핵심은 그 과정이 아니라 결과가 될 것이다.

♥ 매직 세븐 스프레드의 문제점

매직 세븐 스프레드의 문제점은 과정을 고려하지 않는 것이다. 시작과 결과에 대한 설명은 충분하지만 그 과정의 설명은 부족한 것은 약점이다.

♥ 매직 세븐 스프레드의 장점

일부만 읽어도 해석할 수 있는 스프레드로 짝을 지워 해석하면 더욱 효과적이다. 각각의 꼭짓점은 서로 연결되어 있고 하나의 삼각형만 해석해도 질문의 해답을 얻을 수 있다.

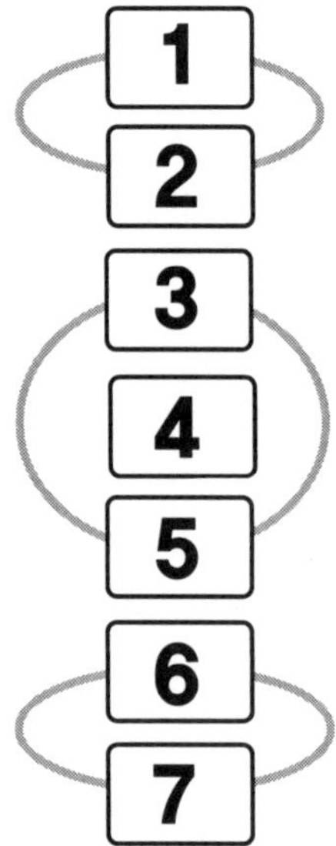

차크라 스프레드 (Chakra Spread)

▶ 질문자의 영적 발전의 단계를 보여준다.

▶ 질문자의 목표에 대해 옳고 그름을 판단할 수 있게 해 준다.

▶ 질문자의 자아의 상태를 보여준다.

첫 번째 놓인 카드 : Root Chakra 현재

두 번째 놓인 카드 : Sacral Chakra 성적욕망

세 번째 놓인 카드 : Solar Plexus 감정, 소망

네 번째 놓인 카드 : Heart Chakra 절대적인 사랑

다섯 번째 놓인 카드 : Throat Chakra 자기 표현

여섯 번째 놓인 카드 : Brow Chakra 심적 능력

일곱 번째 놓인 카드 : Crown Chakra 의식 발전의 단계

차크라
스프레드

이것은 당신에게 문제가 무엇인지 설명하기 보다는 당신 그 자체에 대해 말하고자 한다. 당신이 다른 길로 빠지는 이유는 당신의 진짜 목적과 만족. 즉 당신의 내면이 말하는 바를 들으려고 하지 않기 때문이다. 당신은 알게 될 것이다. 이 스프레드로 당신의 진짜 해야 할 일과 당신의 내면이 원하는 것을. 그러나 이 스프레드가 아무 것도 숨겨주지 않는다는 것을 생각할 필요가 있다. 은유적이지만 노골적이다. 친절하게 이유를 설명해주지 않는다. 당신을 채우고 있는 불합리한 감정들과 약점들 그리고 잘못과 실수들도 남김없이 나타날 것이다. 두렵다면 펼치지 말 것.

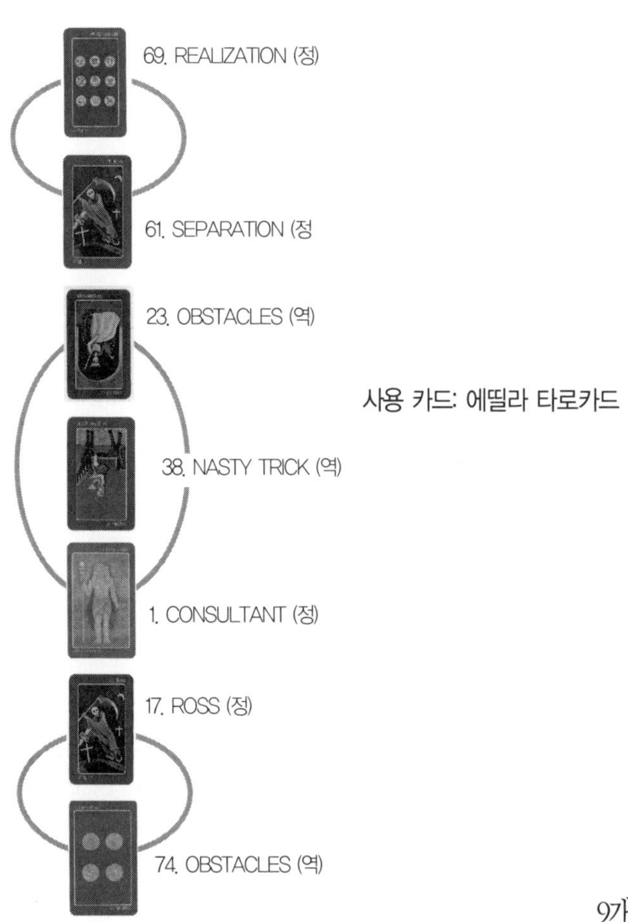

사용 카드: 에띨라 타로카드

9개의 동전은
당신에게 주어진 재능과 달란트,
그것은 스스로의 선택에 의해
나누어지고
다시 돌아오는 것.
선택을 좌우하는 것은 질문자의 의지이다.

얄팍한 속임수로 승리한 것은
오래 가지 못한다.

타로카드 스프레드

Root Chakra 현재 **69. REALIZATION**

성취하다

정: 당신의 손에 쥔 것을 놓지 않을 수 있다. 지금 당신이 가진 것은 당신의 몫이다. 당신이 노력한 결과이다. 이 카드가 미래에 관한 것이라면 당신의 질문이 긍정적일 때 Yes 라고 해석한다.

Sacral Chakra 성적욕망 **61 SEPARATION**

분할

역: 세상은 항상 나뉘고 합쳐지기를 반복한다. 그것은 인간사회도 마친가지이다. 당신의 재산은 나눠질 것이며 가족은 서로 멀리 떨어지게 될 수도 있다. 직장이라면 부서간의 이동에 주의하라. 새로운 그룹에서 고독하게 될 수 있다. 모든 것은 변하게 된다. 지금은 변화의 시기이다.

Solar Plexus 감정, 소망 **23: OBSTACLES**

장애

역: 이 카드는 당신이 주변의 반대를 이겨내야 할 것을 예고한다. 특히 가족의 반대는 이겨내기 힘들 것이다. 당신이 지금까지 가지고 있던 주변의 울타리를 벗어나 독립해야 한다고 해석할 수 있다.

Heart Chakra 절대적인 사랑 38: NASTY TRICK
비열한 속임수

역: 스스로는 절대로 순진하지 않다고 주장할지 모르지만 당신은 매우 순진한 사람이다. 어쩌면 당신이 순진한 사람을 속이고 있을 수도 있다. 이 카드는 누군가가 정당한 경쟁의 규칙을 어기고 있음을 암시하기도 한다. 이 경고를 무시하면 속았다는 사실을 나중에야 알게 될 것이다.

Throat Chakra 자기 표현 1: CONSULTANT
조언자

정: 이 카드는 질문의 대답에 있어 Yes, No 어느 쪽의 대답에도 해당하지 않는다. 이 카드는 당신이 판단에 있어 정보를 더 수집해야함을 말한다. 아직 당신은 판단을 할 수 있는 최소한의 정보를 얻지 못한 상태이다. 이를 위해서 조언자가 필요하다. 조언자를 통해 얻을 수 있는 것은 ' 판단의 기준'이라는 소중한 정보이다.

Brow Chakra 심적 능력 17: ROSS
손실

정: 이것은 쉽게 지나칠 수 있는 손실이다. 옛 속담에 "가랑비에 옷 젖는다."라는 말처럼 작은 손해를 무시하면 남아나는 것이 없을 것이다. 동전을 잃어버렸다면 동전지갑을 준비하는 수고 정도는 필요하다.

Crown Chakra 의식 발전의 단계 74: OBSTACLES
장애물

역: 장애물은 매우 사소한 것이다. 이겨나갈 수 없을 정도의 장애물이 아니다. 충분히 노력에 따라서 벗어날 수 있는 장애물이다. 작은 돌멩이가 발에 채이더라도 당신이 길을 벗어나게 되지 않는 것처럼 지금 일어나는 일은 당신의 미래에서 볼 때 보잘것없는 일이다. 강이 얕은지 깊은지 확인해보는 것이 어떨까?

차크라 스프레드로 금전 운에 대해 질문 했을 때

▶ 현재.

성취할 것이다.

▶ 육체적 욕망

당신이 원하는 것은 키워드의 반대. 당신 주변에 사람이 모이는 것.

▶ 당신의 소망

보호의 울타리를 벗어나 독립하는 것.

▶ 절대적인 욕망

당신의 욕망은 당신의 순진함. 결코 잡을 수 있는 것을 원하는 것이 아니다.

▶ 당신

당신 스스로를 이해할 수 있게 해 주는 것은 당신 주변의 조언자.

▶ 당신의 정신적인 힘

작은 손실에 흔들리고 있다.

▶ 당신의 변화하는 의식

장애물도 이겨낼 수 있다고 생각하고 있다.

종합적인 해석:

당신의 깊은 곳에는 금전적 성취에 대한 욕구로 충분히 채워져 있다. 금전적 성취를 통해 당신은 외로움에서 벗어날 수 있다고 생각하고 있다. 그 이유는 갇혀진 당신의 현재 상태. 더 성장하고 싶은 욕구는 현재를 벗어나 비상하려고 한다. 그러나 당신의 욕망은 이루어질 수 없다. 그것을 잘 알고 있다. 왜냐하면 당신에게는 조언자가 있기 때문이다. 지금은 작은 일에 흔들리고 있을지 모르지만. 당신의 열린 의식은 해낼 수 있다.

차크라 스프레드로 애정 운에 대해 질문 했을 때

▶ 현재

현실로 이루어 질 것이다.

▶ 성적욕망

배우자를 원하는 욕구.

▶ 감정, 소망

반대를 돌파해 욕구를 성취시키는 것.

▶ 절대적인 사랑

당신이 생각하고 있는 상대는 절대적인 사랑이 아닐 수 있다.

▶ 자기 표현

아직 때가 아니다. 중립을 표방하라.

▶ 심적 능력

슬픔. 피곤함.

▶ 의식 발전의 단계

장애물을 인식하기 시작했다.

종합적인 해석:

당신은 드디어 스스로 내면의 욕구를 이해하기 시작했다. 당신은 꽃을 원하는 벌, 아직 당신이 충분히 성장하지 못했다고 생각하는 당신의 보호자에게 당신이 성인임을 보여주고 싶은 욕망으로 가득 차 있다. 그러나 상대에 대해서는 조금 더 생각할 필요가 있다. 상대도 인정받고 싶어 하는가? 보호자를 떠나고 싶어 하는가? 당신의 사랑은 아직 풋내 나는 사과와 같다. 상대방에 대한 배려없는 사랑은 어른의 사랑이 될 수 없다. 사랑이란 상대방을 속박하거나 제어하는 것이 아니라 이해하고 배려하는 것이다. 그래서 아직은 사랑이 이루어질 때가 아니다.

타로카드 스프레드

차크라 스프레드로 비지니스에 대해 질문 했을 때

　▶ 현재.
성취할 것이다.
　▶ 현실적 욕망
당신이 원하는 것은 시장의 분할.
　▶ 당신의 소망
보호의 울타리를 벗어나 독립하는 것.
　▶ 절대적인 욕망.
당신의 욕망은 당신의 순진함. 잡을 수 있는 것을 원하는 것이 아니다.
　▶ 당신.
당신 스스로를 이해할 수 있게 해 주는 것은 당신 주변의 조언자.
　▶ 당신의 정신적인 힘.
작은 손실에 흔들리고 있다.
　▶ 당신의 변화하는 의식.
장애물도 이겨낼 수 있다고 생각하고 있다.

종합적인 해석:

당신의 성취를 위해 필요한 것은 현실적으로 시장을 분할하는 것이다. 당신이 집중하려고 하는 비즈니스시장에서 당신이 기존의 시장을 분할하려고 하고 있다. 당신은 충분한 지식을 쌓았고 이전의 직장에서 떨어져 나와 성공할 것이라고 확신하고 있다. 문제는 당신의 그 욕망이 너무 높은 곳에 있다는 것이다. 물론 당신은 해낼 수 있다. 그러나 당신의 정신은 아직 연약하고 흔들리고 있다. 하지만 당신은 이겨낼 수 있을 것이다. 시장의 변화에 반대하는 경쟁자가 손실을 입힐 것이다. 그러나 참한 신망으로 당신은 장애물을 이겨낼 수 있을 것이다. 그러니 표기하지 말라.

♡ 차크라 스프레드의 종합적인 해석

당신의 근본은 무엇인가. 그것은 현실이다. 당신은 무한한 정신세계를 바탕에 두는 것이 아니라 유한한 물질의 세계에 당신의 바탕을 두고 있다. 당신은 물질세계의 한계를 깨달은 현명한 사람이다. 경험을 위해서는 많은 것이 필요했지만 이제 당신은 순진한 어린아이의 상태에서 벗어나 객체로서의 "나"를 이해하기 시작했다. 작은 것은 중요하지 않다. 당신의 깨달음의 과정에서 사건은 경험일 뿐이고 손해는 당신의 경험의 깊이를 더해주는 것들이다. 당신의 정신은 열려있고 장애물은 당신에게 아무런 의미를 가지지 않는다.

◆ 차크라 스프레드 의 핵심

차크라 스프레드의 핵심은 당신의 현실적인 의지와 비현실적인 자아가 서로 일치하는 가 일치하지 않는가에 있다. 의지로 상징되는 행동과 자아로 상징되는 정신이 일치하지 않을 때 차크라는 균형을 잃기 때문이다.

♥ 차크라 스프레드의 문제점

현실적이고 구체적인 대안보다는 문제의 근본에 기초하기 때문에 질문자에게 항의를 받을 수도 있다. 결론을 통해 질문자의 영혼의 정신적인 방향성은 제시하지만 결국 현실적인 대안은 보여주지 않는 경우가 많다.

♥ 차크라 스프레드의 장점.

어느 한 부분에 한정적인 질문을 하지 않아도 전체적인 해석이 가능한 스프레드. 실제적으로 모든 문제는 질문자에게 있고 그 질문자의 문제의 근본을 설명하기 때문에 해석하는 리더의 능력에 따라서는 종합적인 해석이 가능하다. 질문자와 얼마나 밀접한 이해관계에 있는가에 따라 깊은 해석이 가능할 수도 있고 아닐 수도 있다.

타로카드 스프레드

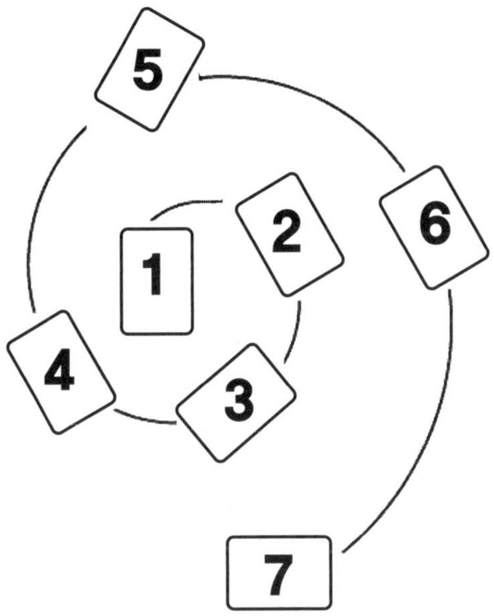

소울 드리머 스프레드 (Soul Dreamers Spread)

▶ 당신이 느낀 예감과 직감을 이해하기 위한 스프레드이다.

▶ 당신의 꿈을 이해하기 위한 스프레드이다.

첫 번째 놓인 카드 : Key : 꿈 또는 직감의 내용과 감정

두 번째 놓인 카드 : Dream Situation : 꿈 또는 직감의 상황

세 번째 놓인 카드 : Energy Within : 꿈 또는 직감의 원천

네 번째 놓인 카드 : Conscious Meaning : 현실적 의미

다섯 번째 놓인 카드 : Subconscious Meaning: 정신세계에서의 의미

여섯 번째 놓인 카드 : Serpent Energy : 딜레마를 해결하기 위한 힘

일곱 번째 놓인 카드 : Outcome : 다가올 결과.

소울 드리머를 이용하기 위해서는 그 전에 당신이 느낀 직감적인 예고. 상징. 꿈에 대한 이해가 필요하다. 당신 주변에 수없이 널려있는 당신에게로 오는 메시지 중 당신은 무엇을 현실을 위해 사용할 것인가? 결정 되었다면 오시라.

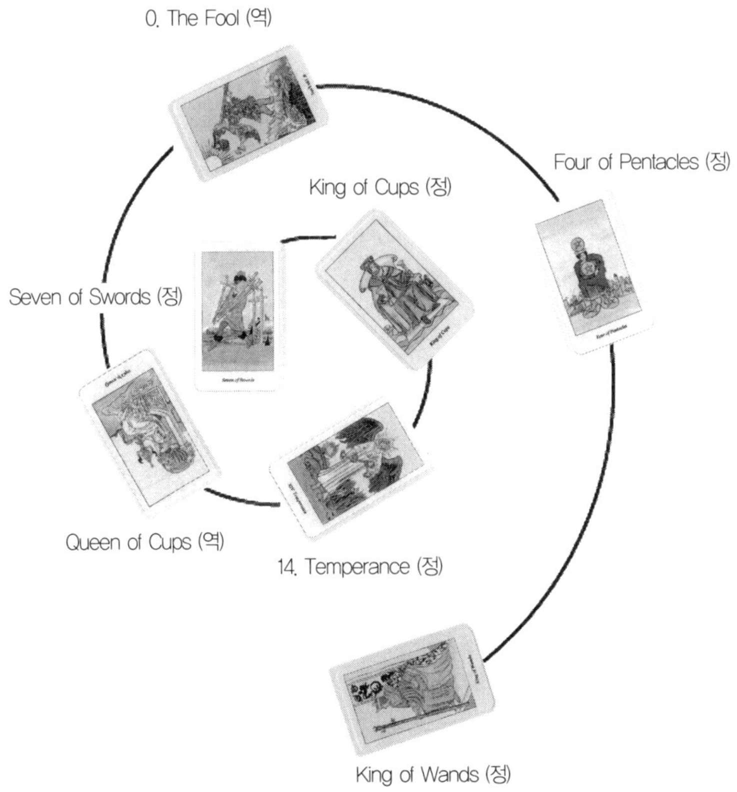

사용 카드: 베이직 웨이트 타로카드

당신의 직관은 효율적인 선택을 알고 있다. 일부는 전체,
작은 것을 포기해도 큰 것을 얻는 것이 균형이고 조화이다.
그것을 암시하는 것은 뒤집혀진 컵의 여왕이다.
여왕은 그릇을 비워야 다시 채울 수 있다고 조언하고 있다.

Key : 꿈 또는 직감의 내용과 감정 Seven of Swords

간단키워드 : 가져야 할 이득을 모두 가지지 못하다.

정: 계획은 성공이지만 완벽하지 못하다, 희망한 것들을 이룰 수 있다, 논쟁이 생기거나 싸움이 일어난다면 실패할 수 있다.

Dream Situation : 꿈 또는 직감의 상황 King of Cups

간단키워드 : 정확하고 바른 사람. 하지만 당신이 힘들어하는 사람.

정: 올바르고 정의로운 사람, 직업이라면 법조계, 사장이거나 당신의 상사, 때로는 원치 않는 선택을 강요하는 아버지일 수 있다.

Energy Within : 꿈 또는 직감의 원천 14. Temperance

간단키워드 : 지나치지 않으면 손해 볼 일도 없다.

정: 물질적인 면에서의 중용은 수요와 공급을 맞추는 것이다. '욕구'를 절제할 때 자신이 가진 물질적인 것들을 지킬 수 있게 된다.

타로카드 스프레드

Conscious Meaning : 현실적 의미 Queen of Cups

간단키워드 : 친절하고 바른 사람, 좋은 사람, 그러나 바른 충고가 나에게 도움이 되지 않는 경우도 있다.

역: 일구이언(一口二言) 겉모습은 뒤떨어지지 않는, 기대만큼 일을 해내지 못하는 사람.

Subconscious Meaning: 정신세계에서의 의미 0. The Fool

간단키워드 : 절제한다면 미래로, 절제하지 못한다면 나락으로 향한다.

역: 주변에 대해 무관심한, 자신의 일을 끝맺는 데 관심이 없는, 어차피 해고 당할 직장.

Serpent Energy : 딜레마를 해결하기 위한 힘 Four of Pentacles

간단키워드 : 물질적인 욕심

정: 약간의 부를 유지하기 위해 끊임없이 노력하다, 일벌처럼 열심히 일하는 사람, 자신의 재산임을 확인 받다(건물의 등기를 완료하다)

Outcome : 다가올 결과. King of Wands

간단키워드 : 상식적이고 당연하게 행동하라.

정: 좋은 사람이지만 전통을 중요하게 여기는, 그렇기 때문에 한편으론 고루할 수도 있는 사람.

소울 드리머 스프레드로 금전운에 대해 질문 했을 때

▶ Key : 금전에 대한 당신의 직감적인 판단

당신의 직감은 이미 알고 있다. 결과가 예상한 것과 다를 것임을

▶ Dream Situation : 꿈 또는 직감의 상황

당신의 직감은 상황이 당신보다 높은 사람에 의해 좌우 된다고 설명한다.

▶ Energy Within : 금전운의 원천 14. Temperance : 정

당신의 것을 지키려면 금전의 흐름에 대해 느끼고 있어야 한다. 그 근원적인 힘의 움직임을 알아야만 당신의 꿈이 이루어질 것이다.

▶ Conscious Meaning : 현실적 의미 Queen of Cups : 역

당신을 돕는 사람은 대단한 사람이 아니다. 있느니 없느니 못한 사람과 일을 하고 있는 상황이다.

▶ Subconscious Meaning: 금전에 대한 당신의 고찰.

당신은 희망과 정열을 돈에 집중하고 있지 않다.

▶erpent Energy : 금전문제를 해결하기 위해 필요한 힘

당신은 끊임없이 돈을 벌기 위해 노력해야 한다.

▶utcome : 힘을 다 했을 때 다가올 결과.

너무나 당연한 결과

종합적인 해석:

질문자가 다른 곳에 신경 쓰고 있기 때문에 에너지는 질문자의 금전운에 집중되지 못하고 있다. 그러나 노력한다면 그 결과는 당연하다고 예언한다. 반대로 현재처럼 남의 도움만을 믿고 다른 일에 정신을 빼앗긴다면 그 결과는 당연하게도 좋지 못할 것이다. 집중력이 가장 중요하다.

타로카드 스프레드

소울 드리머 스프레드로 애정운 에 대해 질문 했을 때

▶ Key : 당신의 직감

문제가 있음을 당신의 직감은 감지하고 있다.

▶ Dream Situation : 상황 또는 상대자 혹은 질문자.

좋은 사람이지만 꽤나 고리타분하다.

▶ Energy Within : 그렇게 생각하게 된 이유.

좋은 사람이고 편안하지만 감정적으로 푹 빠져들 만큼 감정이 풍부해지지 않았기 때문이다.

▶ Conscious Meaning : 현실적으로는

사랑은 논리적일 필요 없다는 당신의 생각. 의지할 수는 있지만 하나하나 따지는 사람이라면 애정을 의심 할 수도 있다.

▶ Subconscious Meaning: 당신의 정신에 미친 영향

상대방도 당신에게 빠져있지 않기 때문에 어차피 끝날 것이라는 생각.

▶ Serpent Energy : 사랑하는 사람으로 발전하기 위해

끊임없이 사랑을 표현하고 노력하라

▶ Outcome : 다가올 결과.

한결같지만 꾸준한 사랑을 유지하게 될 것이다.

종합적인 해석:

꿈꾸던 격렬한 사랑은 아니라고 해도 오래도록 지속될 수 있는 편안한 사람과의 만남으로 지속될 것이다. 당신의 노력으로 지금의 무뚝뚝함은 개선될 것이다. 참고 인내할 수 있다면.

TiP

이 해석은 상대방이 있는 경우에 한정하여 해석한 것입니다.

소울 드리머 스프레드로 직업 +비지니스에 대해 질문 했을 때

▶ Key : 직감

계획에 빈틈이 있다는 것을 알고 있다.

▶ Dream Situation : 현실적 판단

깐깐한 방해자가 있다.

▶ Energy Within : 해결책

소비지출에 관한 계획서를 잘 작성한다면 해결될 수 있다.

▶ Conscious Meaning : 현실적으로

당신이 해결책을 수행할 능력이 없는 것은 아닐까?

▶ Subconscious Meaning: 깊은 의미에서

비즈니스를 인스턴트로 생각하면 곤란하다. 무슨 일을 하건 끝맺음을 잘하는 사람이 되어야 한다.

▶ Serpent Energy : 당신이 가진 힘

결국 당신의 욕심이 일을 끝맺을 수 있도록 원동력이 될 것이다.

▶ Outcome : 결과.

당신이 해내기만 한다면 인정을 받을 수 있다.

종합적인 해석:

부실한 계획으로 다른 사람에게 투자를 받거나 계획을 승인받을 수 없다는 사실을 당신도 이해해야 한다. 일을 건성으로 처리했으니 지연되는 것은 당연하다. 좀 더 꼼꼼하게 계획을 다시 세운다면 인정받을 수 있다.

타로카드 스프레드

♡ 소울 드리머 스프레드의 종합적인 해석

이유를 알고 있다면 해결책도 간단하다. 간단하지 않은 문제지만 해결은 의외로 어렵지 않다. 예상되는 결과는 당신의 행동에 달려 있다. 금전적인 문제를 제외한다면 모든 것을 당신의 능력으로 스스로 해결할 수 있다. 미래의 결과는 극단적이다. 잘 한다면 잘 될 것이고. 지금처럼 생각만 하고 행동하지 않는 게으름을 보인다면 결과가 좋지 못할 것이다.

◆ 소울 드리머 스프레드의 핵심.
소울 드리머의 핵심은 꿈(또는 희망)의 실현을 위한 방법론이다. 꿈(또는 희망)에 집중 할 수 있다면 그 해결책 또한 쉽게 찾을 수 있다는 것이 소울 드리머 스프레드의 핵심이다.

♥ 소울 드리머 스프레드의 문제점.
딱히 해결책이 없는 문제에 대해서는 문제의 원인만을 말해 질문자를 복잡하게 만들 수 있다. 구조가 딱 정해져 있기 때문에 리더가 소울 드리머 스프레드에 익숙하지 않으면 해석하기가 쉽지 않다.

♥ 소울 드리머 스프레드의 장점.
마음이 복잡하고 심란할 때 딱 맞는 스프레드로 통쾌한 해석을 보여준다. 특히 이도저도 선택하지 못하고 헤매는 친구에게 타로카드를 읽어 주고 싶다면 소울드리머 스프레드가 딱 맞다.

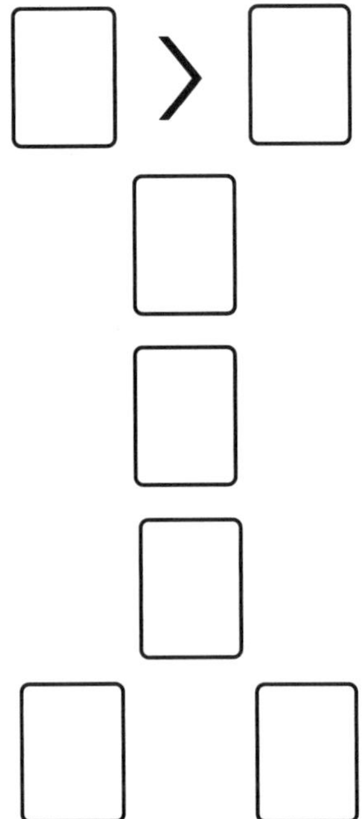

스플릿 핵사그램 스프레드 (Split Hexagram Spread)

▶ 영향력 중 큰 것 또는 작은 것 중 하나를
선택해서 해석할 수 있다.

▶ 큰 것과 작은 것 중 어느 것에 집중할 것인지
선택하여 해석해야 해결책을 제시할 수 있다.

첫 번째 놓인 카드 :

당신이 깨닫지 못하고 있는 영적인 영향력 중 큰 것

두 번째 놓인 카드 :

당신이 깨닫지 못하고 있는 영적인 영향력 중 작은 것

큰것과 작은 것중 부정적인 영향과 긍정적인 영향은 각각 어떤 것인지
확인해야 한다.

세 번째 놓인 카드 :

사건에 대한 영적인 조언

영적인 조언은 현실적인 조언과 상충될 수 있다. 질문자에게 설명 할
때는 영적인 조언이 근본적인 해결책과 관련된 것일 수 있으나 현실적인
해결책에 대한 조언이 따로 있음을 설명해야 한다.

네 번째 놓인 카드 :

당신이 무의식이 원하는 희망

무의식이 원하는 것이 근본적인 희망이라는 것에 대해 질문자에게 설
명해야 한다. 의식과 무의식은 일치할 수도 있지만 일치하지 않을 수도
있다. 3번째 카드와 연결된다.

스플릿
핵사그램
스프레드

다섯 번째 놓인 카드 :
당신의 의식이 원하는 희망

여섯 번째의 현실적인 조언과 연결된다. 질문자의 질문과 직접적인 관계가 있으며 표면적인 상황과도 연결해서 해석할 수 있다.

여섯 번째 놓인 카드 :
현실적인 조언

표면적인 희망의 성취와 관련되는 조언이다. 네 번째 카드와 상충될 수 있다. 서로 다른 내용이 나왔을 때는 분리해서 해석해야 한다.

일곱 번째 놓인 카드 :
현재 상태가 지속될 때의 결과

결론을 선택하지 않았을 때의 결과로 의식적인 조언이나 무의식적인 조언중 하나를 선택했을 때 이 일곱 번째 카드의 해석의 전망은 달라질 수 있다.

타로카드 스프레드

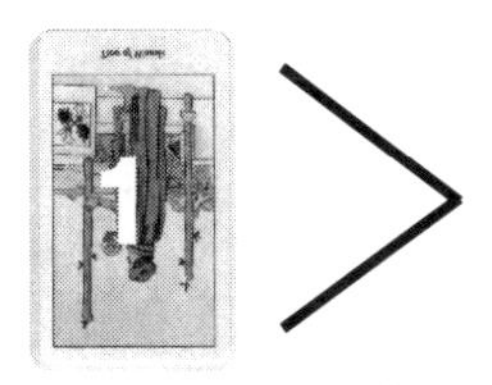

Two of Wands (역)

Queen of Wands (정)

Five of Swords (정)

0. The Fool (정)

14 Temperance (정)

Two of Cups (정)

Seven of Swords (역)

사용 카드: 베이직 웨이트 타로카드

당신의 양손에 채워진 것 중 하나는 놓아야 한다.
안정이냐 모험이냐를 선택하지 않는다면
아무것도 얻을 수 없다.
뒤늦게 선택한다면 결국 다 가질 수 없다는 것을
당신은 알고 있다.
모든 것을 놓치고 다시 시작할 생각이 아니라면
지금이 판단해야 할 시기이다.

Two of Wands : **역**

간단키워드 : 어차피 두 가지를 모두 할 수는 없다. 신중한 결단을 내려야 한다.

놀라다, 이해할 수 없는, 감정적인 문제, 이유를 알 수 없는 두려움.

Queen of Wands : **정**

간단키워드 : 자신이 능력을 가지고 있기 때문에 스스로 고립되는 것을 원하다.

엄숙한 분위기를 가진 사람, 정속하고 친절한 여인, 사랑스러운 여인, 질문자가 여성이라면 결혼할 준비가 된 여성, 질문자가 남성이라면 '조강지처'도 될 법한 여인.

Five of Swrods : **정**

간단키워드 : 소문과 루머로 인해 당신의 승리 혹은 패배가 결정되다.

명예를 잃다(혹은 명예를 잃게 하다), 자신의 것을 빼앗기다(혹은 남의 것을 빼앗다), 상황이 정반대로 뒤바뀌다. 나쁜 평가를 받다.

타로카드 스프레드

Two of Cups : 정

간단키워드 : 사랑 그리고 그 타오르는 감정

사랑과 열정, 당신이 선택한 상대는 당신과 잘 맞는 상대이다, 사업상 당신이 생각하는 파트너는 매우 훌륭한 사람이다.

Seven of Swords : 역

간단키워드 : 가져야 할 이득을 모두 가지지 못하다.

도움이 될 만한 충고를 하는 사람을 찾아라, 새로운 파트너를 소개받다, 루머나 허튼소리는 듣지도 말하지도 않는 것이 좋다.

14 Temperance : 정

간단키워드 : 지나치지 않으면 손해 볼 일도 없다.

물질적인 면에서의 중용은 수요와 공급을 맞추는 것이다. '욕구'를 절제할 때 자신이 가진 물질적인 것들을 지킬 수 있게 된다.

0. The Fool : 정

간단키워드 : 절제한다면 미래로, 절제하지 못한다면 나락으로

자신만이 아니라 주변사람들까지 뒤흔들다. 한 곳에 빠지면 정신을 차리지 못하는 사람, 미친 듯이 행동하다, 상황을 가리지 않고 화를 내다, 금전적으로 불안정한.

스플릿 핵사그램 스프레드로 금전운에 대해 질문 했을 때

▶ 당신이 알아야할 금전적인 영향력 중 큰 것

당신이 이해할 수 없기 때문에 영향력은 더 클 수밖에 없다.

▶ 사소하지만 무시할 수 없는 영향력

훌륭하지만 갇혀있는 사고방식.

▶ 근본적인 조언

평판이 나빠져도 괜찮은가?

▶ 당신이 무의식이 원하는 희망

잘 맞는 파트너가 있다면 수월해 질 것이라고 생각하고 있다.

▶ 현실적인 희망

새로운 파트너를 소개받기를 원하고 있다.

▶ 현실적인 조언

아직은 때가 아니다.

▶ 현재 상태가 지속될 때의 결과

결국은 금전적인 불안을 맞이하게 될 것이다.

종합적인 해석:

같이 망할 사람을 찾는 것이 아니라면 아직은 때가 아니다. 당신은 혼자서 일이 벅차다고 생각하고 해결책으로 도움이 될 사람을 원하고 있지만 당신 스스로도 해낼 수 없는 일이라면 다른 사람의 도움을 받더라도 해결되지 않을 수 있다. 해결책을 다른 곳에서 찾는 것은 좋지 못하다. 현재 상황은 결국 당신의 행동에 따라 달라질 것이다.

타로카드 스프레드

스플릿 핵사 그램 스프레드로 애정에 대해 질문 했을 때

▶ 당신의 애정에 큰 영향력을 행사하지만 당신이 모르는 것
당신의 감정적인 문제.
▶ 당신의 애정에 영향력을 행사하는 작은 요인
친절하고 정숙한 여인
▶ 영적인 조언
그냥 그런 안 들으니 못한 조언.
▶ 당신이 무의식이 희망하는 애정
멋진 상대와의 사랑
▶ 당신의 표면적인 의식이 원하는 애정
의지할 사람.
▶ 현실적인 조언
절제하라.
▶ 예상되는 결과.
그리 좋지 못하다

종합적인 해석:

당신의 판단에 가장 많은 영향을 끼치는 것은 감정이다. 당신이 그것을 모르기 때문에 항상 문제가 커지게 된다. 그러니 당신의 애정은 친구이상이 될 수 없다. 그래서 찾아가는 친구들마저 조언에 능한 사람들은 아니다. 매번 참지 못하고 별로 좋지 못한 상대에게 눈이 팔리는 당신. 오늘부터라도 절제하지 않는다면 이번에도 결과는 좋지 못할 것이다. 애정도 사소한 것에 영향을 받는 감정이기 때문에 예측하기란 쉽지 않다. 그 사소한 것들을 조절하는 것은 예술적인 감각이다. 애정을 원한다면, 먼저 이 감각을 깨우는데 집중하라.

스플릿 핵사그램 스프레드로 직업+비지니스에 대해 질문 했을 때

▶ 당신이 깨닫지 못하고 있는 영적인 영향력 중 큰 것
이유를 알 수 없는 두려움.

▶ 당신이 깨닫지 못하고 있는 영적인 영향력 중 작은 것
여성

▶ 사건에 대한 영적인 조언
자신의 것을 빼앗기다(혹은 남의 것을 빼앗다)

▶ 당신이 무의식이 원하는 희망
사업상 당신이 생각하는 파트너는 매우 훌륭한 사람이다.

▶ 당신의 의식이 원하는 희망
새로운 파트너를 소개받다,

▶ 현실적인 조언
물질적인 면에서의 중용은 수요와 공급을 맞추는 것이다. '욕구'를 절제할 때 자신이 가진 물질적인 것들을 지킬 수 있게 된다.

▶ 현재 상태가 지속될 때의 결과
금전적으로 불안정한.

종합적인 해석:

당신의 가장 큰 문제는 문제를 제대로 이해하지 못하고 있는 것이다. 게다가 비즈니스를 하는 당신에게 여자문제까지 있다면 그건 작다고 생각할지 몰라도 결코 작은 문제가 아니다. 가장 희망적인 전망은 당신은 파트너를 원하고 그것이 이루어질 것이라는 점이다. 현실적으로 비즈니스의 전망은 아직 밝지 않다. 그러나 비즈니스 파트너를 원하는 당신의 희망은 이루어질 것이다.

타로카드 스프레드

♡ 스플릿 핵사그램 스프레드의 종합적인 해석

당신에게는 조언자가 존재한다. 그 영향력은 작지만 확실하다. 때가 좋지 못해 좋은 평가를 받지 못할 수는 있다. 그래도 당신의 열정은 줄어들지 않는다. 파란만장한 나날을 보내더라도 원하는 만큼의 결과는 얻을 수 없다. 그래도 당신의 결심은 변하지 않는다. 그 열정을 조금만 제어할 수 있다면 오히려 결과는 좋아질 것이다. 당신의 문제는 당신의 그 열정이다.

◆ 스플릿 핵사그램 스프레드의 핵심

이 스프레드는 당신이 알지 못하는 영향력에 그 핵심을 두고 있다. 질문자가 벗어나지 못하는 굴레가 바로 그 영향력에 있기 때문이다. 이 스프레드는 현실과 비현실의 양면에 대해 보여준다. 그것이 이 스프레드의 핵심이다.

♥ 스플릿 핵사그램 스프레드의 문제점

영적인 조언과 현실적인 조언이 서로 다른 내용 일 때 질문자가 혼돈을 겪을 수 있다. 질문자가 원하는 것도 두 가지로 보여주기 때문에 질문자의 혼돈은 가중된다. 해석하기에도 어렵다.

♥ 스플릿 핵사그램 스프레드의 장점

똑같은 문제가 반복되는 이유를 알려주는 것이 이 스프레드의 핵심. 큰 선택을 앞두고 있을 때의 고민은 그 동안의 나쁜 결과가 반복될 것인가. 이번에는 좋은 결과를 맞이할 것인가에 대한 부분이다. 그 부분에 있어 이 스프레드는 원인과 결과를 두 가지 측면에서 보여주기 때문에 용이하다.

스플릿 핵사그램 스프레드로 금전운에 대해 질문 했을 때

▶ 당신이 알아야할 금전적인 영향력 중 큰 것
당신이 이해할 수 없기 때문에 영향력은 더 클 수밖에 없다.
▶ 사소하지만 무시할 수 없는 영향력
훌륭하지만 갇혀있는 사고방식.
▶ 근본적인 조언
평판이 나빠져도 괜찮은가?
▶ 당신이 무의식이 원하는 희망
잘 맞는 파트너가 있다면 수월해 질 것이라고 생각하고 있다.
▶ 현실적인 희망
새로운 파트너를 소개받기를 원하고 있다.
▶ 현실적인 조언
아직은 때가 아니다.
▶ 현재 상태가 지속될 때의 결과
결국은 금전적인 불안을 맞이하게 될 것이다.

종합적인 해석:

같이 망할 사람을 찾는 것이 아니라면 아직은 때가 아니다. 당신은 혼자서 일이 벅차다고 생각하고 해결책으로 도움이 될 사람을 원하고 있지만 당신 스스로도 해낼 수 없는 일이라면 다른 사람의 도움을 받더라도 해결되지 않을 수 있다.

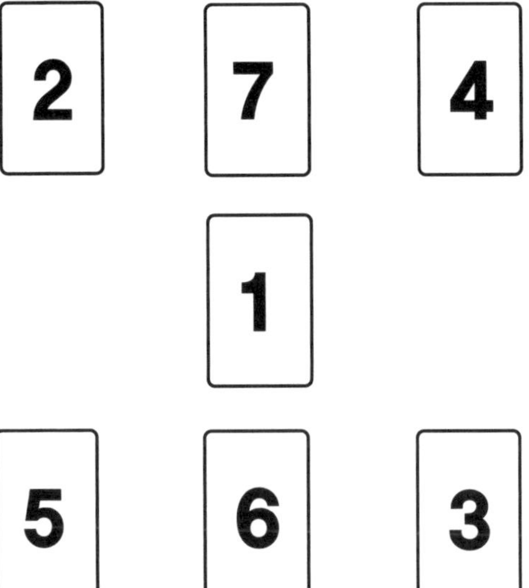

스피릿 오브 서클스프레드 (Spirits of the Circle Spread)

▶ 질문자를 중심으로 2 7 4만 해석했을 때는
당신이 조상으로부터 물려받은 가문의 전통을.

▶ 질문자를 중심으로 5 6 3만 해석했을 때는 영적인
여행을 통해 당신이 맞이하게 되는 영혼의 동반자를 상징한다.

Spread info: 스프레드 설명

첫 번째 놓인 카드 : 질문자
가장 우선적으로 생각해야 하는 것

두 번째 놓인 카드 : 영적인 조상
선입견과 생각의 기준

세 번째 놓인 카드 : 영적인 동족
동조자. 옹호자. 친구. 도우미.

네 번째 놓인 카드 : 영적인 시간
완성까지의 시간 중 어느 시점인가.

다섯 번째 놓인 카드 : 영적인 장소
모든 사건은 어디에서 일어나는 가.

여섯 번째 놓인 카드 : 영적인 여행
당신이 향해야 하는 방향.

일곱 번째 놓인 카드 : 당신에게 주어진 선물.
타고난 재능과 아이디어

51. WIDOWHOOD (정)

67. FALSELOVE (정)

44. THE PAST (정)

41. MISTAKES (역)

50. SADNESS (역)

25. GOOD NEWS (정)

21. INDEPENDENCE (역)

사용 카드: 에띨라 타로카드

완벽하지 않은 아홉의 숫자는 뒤집혀져 있다.
여인은 불쾌감을 감추지 못하고
당신은 달려가느라 정신이 하나도 없다.
여섯 꼭지점을 가진 별이 완성될 수는 있지만
이것은 불안정한 상태에서 벗어나지 못할 것이다.
현재에서 이룰 수 없는 것을 안타까워하면 실패할 수 있다.

제17장 스피릿 오브 서클 스프레드 (Spirits of the Circle Spread)

질문자 **41 MISTAKES : 역**

실수 : 승리를 방해하는 것

은 당신을 오해하고 있는 주변사람들이거나 당신의 실수일 수 있다.

성공을 원한다면 두 가지에 주의하라. 모든 것은 당신 탓이라는 것을 기억하라. 주변사람들이 당신을 오해했다면 아직 당신의 능력을 충분히 보여주지 못한 것이니 처음부터 다시 노력하라.

영적인 조상 **51 WIDOWHOOD : 정**

과부: 이 카드는 남성적인 여인. 때로는 이상하게도 남자친구가 없는 여인을 의미하기도 한다. 실제로 과부에게는 이 카드가 잘 나타나지 않는다. 남자에게 관심 없는 여인에게 이 카드가 나타나는데 연애 점에서 이 카드가 선택되었다면 자신을 되돌아보기 바란다. 과연 애인이 필요하다고 스스로 생각하는가?

영적인 동족 **21 INDEPENDENCE :역**

자립: 이 키워드는 앞의 '충돌' 의 연장선상에 있다. 개인적으로는 '자립이나 독립을 원하다' 가 될 수 있겠지만 실제로는 '주변의 사회 환경의 변화를 겪다' 가 되기 때문에 '독립' 이나 '자립' 은 '이사' 또는 '직장을 그만두다' [와 같은 '자의에 의한 한경의 변화' 를 말한다.

영적인 시간 **44 THE PAST : 정**

과거: 과거가 당신에게 좋은 의미라면 추억을. 당신에게 과거가 나쁜 것이라면 지나간 일을 이미할 수도 있겠다. 좋은 추억과 노력했던 과거를 기억하라는 뜻으로 해석될 수 있고 그 반대로 가거를 깨끗이 잊으라는 당신을 위한 충고일 수 있다.

영적인 장소 **50 SADNESS : 역**

슬픔: 당신에게 애도를 표한다. 당신이 겪는 슬픔은 타인이 위로한다고 해결되는 것은 아닐 것이다. 하지만 이 불행이 길지만은 않을 것이라고 한다면 위로가 될 수 있을까? 이 슬픔은 상실의 시간을 의미한다. 시간은 생각보다 빨리 지나가고 당신의 슬픔의 시간도 종료될 것이다.

영적인 여행. **25 GOOD NEWS : 정**

좋은 소식 : 이것은 기다리던 소식이다. 대학합격의 통보이거나. 입사 시험에 합격하는 등 시험과 관계된 행운의 소식이거나 오랫동안 소식을 모르던 가족과의 만남이거나 그 외에도 여러 가지의 즐거운 소식을 담고 있다. 그러나 때때로 즐거운 소식은 또 다른 사건을 낳는다.

당신에게 주어진 선물. **67 FALSE LOVE : 정**

잘못된 사랑: 잘못된 사랑은 잘못된 목표나 야망을 상징할 수 있다. 당신은 목표부터 고쳐야할 필요성이 있다. 실현 불가능한 야망(세계정복?)을 꿈꾼다면 그저 꿈에 멈추도록 하라.

스피릿 오브 서클 스프레드로 금전운에 대해 질문 했을 때

▶ 질문자

스스로의 실수 이거나 방해하는 주변 탓.

▶ 기준

돈에 애정이 없다.

▶ 동료

떠나라. 독립하라.

▶ 기준이 되는 시점

과거는 잊어라

▶ 영적인 장소

슬퍼하는 것부터가 시작이다.

▶ 영적인 여행

소식을 따라 떠나라.

▶ 당신이 가진 재능

목표가 너무 높다.

종합적인 해석:

당신이 금전을 회복하기 위해서는 당신에게 잘 맞는 직업이 필요하다. 당신이 꿈꾸는 것은 터무니없을 정도로 환상적이고 현실이 될 가능성이 없다. 과거의 당신의 실적이 좋았다고 해서 누구나 당신을 인정해 주지 않는다. 현재의 부족한 금전에 대해 마음껏 슬퍼하고 괴로워하라. 쓸데없는 친구들에게서 떠나 새로운 직업을 찾는 것은 좋은 일이다. 목표를 낮추고 귀를 세워 소식에 민감하게 반응하라. 결과는 당신의 정보수집능력과 빠른 행동에 달려있다.

타로카드 스프레드

스피릿 오브 서클 스프레드로 애정에 대해 질문 했을 때

▶ 질문자
실수. 도움이 되지 않는 주변 사람.
▶ 기준
관심 없음
▶ 가족
독립적인 성향
▶ 시간
과거의 경험
▶ 장소
슬픔
▶ 방향
좋은 소식
▶ 당신에게 주어진 선택.
잘못된 이상향.

종합적인 해석

과거의 경험은 당신을 까다로운 사람으로 만들었음이 확실하다. 당신은 애정에 관심이 있는 것이 아니다. 귀찮은 가족에게서 독립하는 방법이 (혹은 구설수에서 빠져나가는 방법이) 결혼이기 때문에 배우자를 찾고 있을 뿐이다. 그것도 당신의 선택이다. 당신의 인생이니까. 후회하지 않을 자신이 있는가?

스피릿 오브 서클 스프레드로 직업+비지니스에 대해 질문 했을 때

▶ 질문자

실수.

▶ 영향을 미치는 사람

현재는 도움이 필요 없다고 생각하고 있다.

▶ 파트너

분리. 또는 독립.

▶ 시간

과거의 경험을 기억하라.

▶ 장소

짧은 기간의 전망은 좋지 못하다.

▶ 방향

새로운 방향으로 가게 될 것이다.

▶ 당신에게 주어진 재능.

목표를 크게 잡는 것도 당신의 재능. 현실과 비현실만 구분한다면 꿈이 큰 것은 좋다.

종합적인 해석:

사소한 실수로 잃게 된 도움에 미련을 둘 필요는 없다. 당신은 과거의 경험상 분리가 자립을 의미한다는 것을 잘 알고 있다. 물론 짧은 기간동안에 결과를 얻기란 쉬운 일은 아닐 것이다. 그럼에도 불구하고 당신은 그 커다랗고 현실가능성이 없는 목표를 위해 달릴 것이고 결국 남들만큼은 해낼 것이다.

타로카드 스프레드

♡ 스피릿 오브 서클 스프레드의 종합적인 해석

미련을 버리고 떠난 것은 좋다. 지금은 무엇을 해도 바로 결과를 가질 수 있는 때가 아니기 때문이다. 그것도 선택이다. 현재에서 벗어나기 위해 떠나는 것도 현재를 선택하는 것도. 당신의 목적이 무엇인지만 잃어버리지 않는다면 무엇이든 좋다. 빨리 끓는 냄비는 빨리 식는다. 쉽게 오는 결과는 쉽게 사라지는 법이다. 인내심을 가지고 기다려라.

◆ 스피릿 오브 서클 스프레드의 핵심

이 스프레드의 핵심은 인간관계다. 서로의 관계. 영향력을 통해 현재의 것들을 이해하게 한다. 영적인 도움이나 영향력은 질문자가 가지게 되는 주변사람들과의 에너지 교류를 의미하게 되기 때문에 혼자서는 살 수 없는 인간 그 자체를 뜻한다고 볼 수 있다.

♥ 스피릿 오브 서클 스프레드의 문제점

억울한 사람에게는 유용하지 않다. 자신의 잘못을 알고 싶은 사람에게는 효율적이지만 자신이 잘못하지 않았다고 생각하는 사람들에게는 화만 나는 일이 될 수도 있다.

♥ 스피릿 오브 서클 스프레드의 장점

인과관계를 명확히 설명한다. 과거의 원인. 그리고 그것에 영향을 준 질문자의 생각. 그리고 현재 해야 할 방향. 질문자의 생각과의 격차를 말해주어 현실적인 해석이 가능하도록 한다.

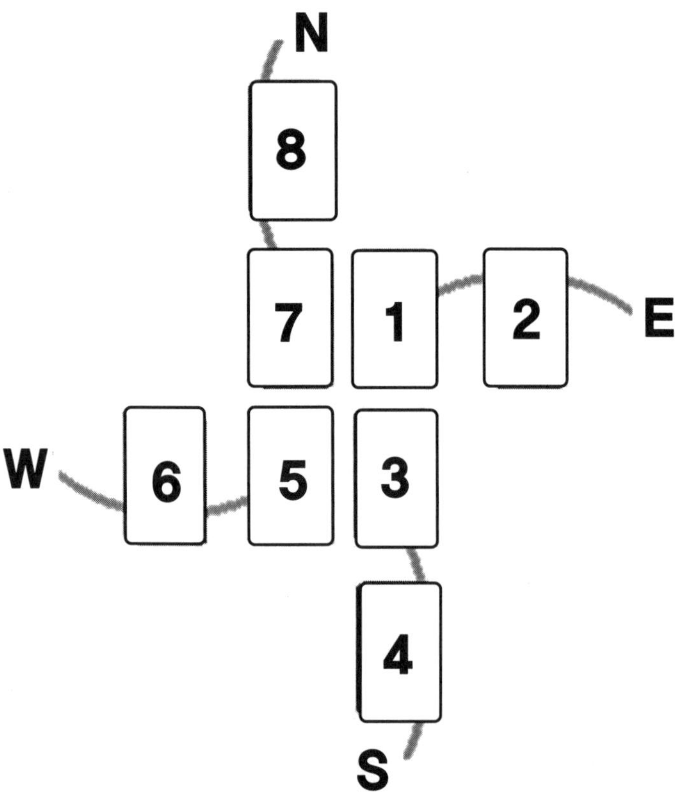

중심지역 스프레드 (Hearth Spread)

▶ 바람개비를 생각하면 이해하기 쉽다.
(바람은 좌측에서 우측으로 불고 있다)

▶모든 사건의 해석이 통합되어 중심으로 향한다.

타로카드 스프레드

Spread info: 스프레드 설명

첫 번째 & 두 번째 놓인 카드 : 동쪽(East) : 감지 :
질문자가 사건을 파악하는 과정
동쪽에서 부는 바람은 새싹. 사건의 시초를 뜻한다.

세 번째 & 네 번째 놓인 카드 : 남(South) : 관측 :
타인이 사건을 파악하는 과정
남쪽에서 부는 바람은 성장. 사건의 발전단계를 말한다.

다섯 번째 & 여섯 번째 놓인 카드 : 서 (West) :바램:
질문자가 바라는 미래
서쪽에서 부는 바람은 재생산. 사건으로 인해 발생한 또 다른 사건을
뜻한다.

일곱 번째 & 여덟 번째 놓인 카드 : 북(North):가능성:
예상되는 결말
북쪽에서 부는 바람은 겨울. 최종적인 결과를 뜻한다.

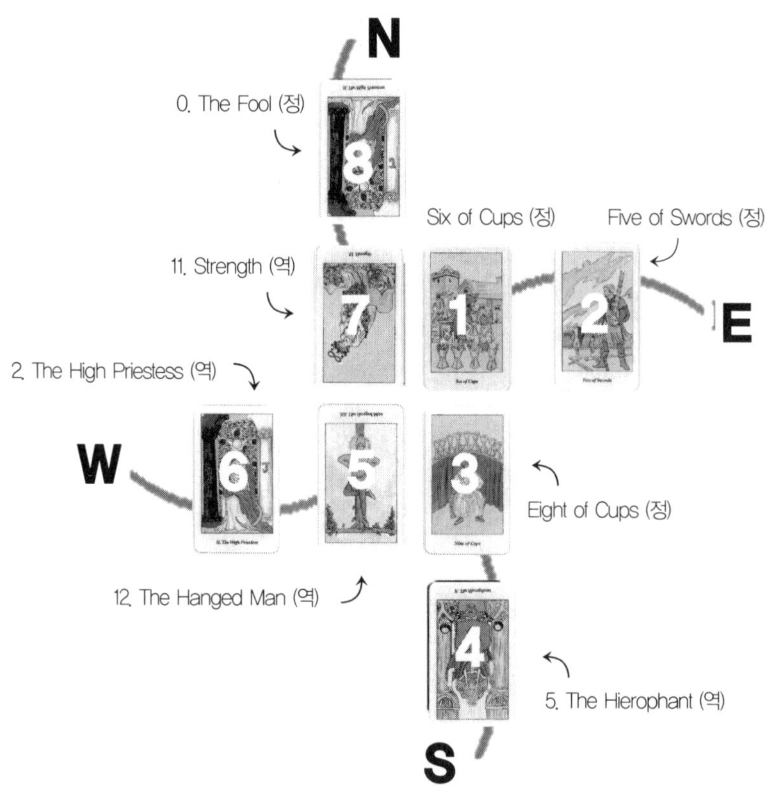

사용 카드: 베이직 웨이트 타로카드

지나친 상상은 오해를 부르고 당신은 터전을 떠나게 될 것이다.
이제 지혜는 아무 소용이 없고 뒤늦은 희생도 필요 없다.
등을 돌린 당신에게 말 거는 사람도 없다.
외롭고 고독한 시간이다. 그러나 이것은 당신이 선택한 것이다.

타로카드 스프레드

첫 번째 & 두 번째 놓인 카드 : 동쪽(East) : 감지 :
질문자가 사건을 파악하는 과정

Six of Cups : 정

간단키워드 : 과거는 추억일뿐, 현재의 '나'에게 무언가를 주지 않는다.
어린 시절의 추억, 과거의 인물이 현재의 인물로 바뀌다, 현재의 모든 것이 추억이 될 정도로 상황이 바뀌다.

Five of Swords : 정

간단키워드 : 소문과 루머로 인해 당신의 승리 혹은 패배가 결정되다.
명예를 잃다(혹은 명예를 잃게 하다), 자신의 것을 빼앗기다(혹은 남의 것을 빼앗다), 상황이 정반대로 뒤바뀌다. 나쁜 평가를 받다.

Eight of Cups : 정

샘솟는 기쁨을 주는 모든 사람들, 당신을 부드럽게 감싸주는 사람들, 소심하고 내성적이지만 지혜를 가지고 명예를 존중하는 주변사람, 당신이 가져야 하는 겸손함과 정숙함.

5. The Hierophant : 정

상류사회, 언어능력이 뛰어나 이해가 빠르다, 의견의 일치, 가식적이고 자연스럽지 못한 친절함, 결정을 내릴 수 없이 마음이 나약하다.

11. The Hanged Man : 정

타인을 생각하지 않는, 현재 상황과는 상관없는 주변사람들, 머리만 굴리는

2. The High Priestess : 역

가슴 속에 품고 있는 숨겨진 열정, 육체적인 쾌락, 스스로에 대한 자부심(자부심을 지키기 위해 노력하는 사람), 겉으로 보이는 만큼 지식이 많지는 않은.

일곱 번째 & 여덟 번째 놓인 카드 : 북(North):가능성:
예상되는 결말

11. Strength : **역**

간단키워드 : 내제된 에너지는 어디로 흘러갈지 모르는 것, 조절할 수
있는 자가 승리자다.

권력의 힘에 빠져 독재적인, 겉보기와는 달리 마음이 나약함, 권력을
가진 자로 인해 일어나는 분열과 내분.

0. The Fool : **정**

간단키워드 : 절제한다면 미래로, 절제하지 못한다면 나락으로 향한다.

자신만이 아니라 주변사람들까지 뒤흔들다. 한곳에 빠지면 정신을 차
리지 못하는 사람, 미친 듯이 행동하다, 상황을 가리지 않고 화를 내다.
금전적으로 불안정한.

▶ 7번 8번 위치는 질문자의 능력의 유무를 간접적으로 보여준다. 마지
막 위치는 운명의 영향력을 가장 나중에 받게 되는 최종적인 위치이기 때
문이다.

▶ 1번 2번 위치는 시작이기 때문에 다른 위치들과 다르다는 해석이 가
능하다.

중심지역 스프레드로 금전에 대해 질문 했을 때

첫번째 & 두 번째 놓인 카드 : 동쪽(East) : 문제를 감지하다.
질문자는 경고를 알아차렸다. 예상했던 과거의 도움은 허사가 되어 버렸고 손실을 줄이기 위해 손을 털어야 할 것이다.

세 번째 & 네 번째 놓인 카드 : 남(South) : 타인의 충고
질문자에게 현재 상황에 대해 고개를 끄덕여 줄 수는 없지만 다른 사람들도 당신이 느끼고 있는 것에 동의한다.

다섯 번째 & 여섯 번째 놓인 카드 : 서 (West) :바램: 질문자가 바라는 미래
현재를 포기하고 새로운 것을 얻게 되는 것.

일곱 번째 & 여덟 번째 놓인 카드 : 북(North):가능성: 예상되는 결말
다른 사람을 고려하지 않고 혼자서 마음대로 밀고 나갔다면 아무도 대신 책임져 주지 않을 것이다.

종합적인 해석:
질문자는 불안을 느끼고 현재의 손해를 감수하고 포기하는 것이 미래를 위해서 좋을 것이라고 생각하고 있다. 물론 주변에서도 현재가 위험하다는 생각에는 동의한다. 그러나 포기의 결정을 질문자 혼자서 내린다면 위험하다. 그 책임도 질문자 혼자서 짊어져야 하기 때문이다. 주변의 계획도 들어보라. 그래야 포기하지 않아도 될 수 있다.

타로카드 스프레드

중심지역 스프레드로 애정에 대해 질문 했을 때

기억 속의 친구들과 재회하게 된다. 그러나 당신에 대한 의외의 소문도 함께 듣게 될 것이다.

친구들은 당신에게 잘 대해줄 것이다. 그것은 죄책감 때문은 아니다.

소문을 뒤집을 수 있다면 원하던 상대를 얻는데 문제가 없을 것이라고 생각한다.

당신의 입장만 생각하는 것은 싸움을 만드는 일이다. 결국 그것은 도움이 되지 않는다.

종합적인 해석:
짝사랑하던 동창생과의 재회. 그러나 낯부끄러운 소식을 접한 당신은 절망한다. 아무렇지도 않게 소문을 낸 당사자가 미안하다고 말하는 것에 속으로 분노하지만 지금 와서 예전의 수다쟁이가 소문이 진실이 아니라고 여기저기 말해줘도 상황은 달라지지 않는다. 그러나 지난 일이다. 그냥 편안하게 대하면 당신이 원하는 것을 얻을 수 있다. 지난 일은 당신에게는 잔인하게도 잊을 수 없는 일이지만 짝사랑하던 상대는 벌써 잊어버렸을지도 모른다.

중심지역 스프레드로 직업+비지니스에 대해 질문했을 때

첫 번째 & 두 번째 놓인 카드 : 동쪽(East) : 전망
정확한 정보가 아닌 데이터를 바탕으로 사업을 준비하다.

세번째 & 네 번째 놓인 카드 : 남(South) : 객관적인 미래
동종업계 사람들의 정보를 수집하기 위해 노력하라

다섯 번째 & 여섯 번째 놓인 카드 : 서 (West) :바램:
좋은 결과를 얻어 최종적으로 물질적인 결과를 얻는 것.

일곱 번째 & 여덟 번째 놓인 카드 : 북(North):가능성
: 예상되는 결말
직원을 제어 할 수 없을지도 모른다.

종합적인 해석:
　질문자의 전망이 100% 틀렸다고 볼 수는 없지만 급변하는 세상 속에서 지나간 과거만을 자료로 삼는 것은 잘못된 행동일지도 모른다. 아직은 투자보다는 정보수집에 시간을 투자해야 할 때다. 질문자가 원하는 것이 오직 돈에 집중되어 있다면 당신을 돕는 사람들이 반발할 수 있다. 업계에서의 자부심도 손상되지 않도록 고려해야 한다.

타로카드 스프레드

♡ 중심지역 스프레드의 종합적인 해석

소설 속의 미스 마플은 올드 레이디이지만 뛰어난 관찰력으로 세상사는 모두 같은 방식으로 돌아간다고 조언한다. 그러나 "관찰력"이라는 끊임없는 노력이 없다면 그녀의 경험도 빛바랜 추억으로 남았을 것이다. 무슨 일이든 그러하다. 차곡차곡 쌓인 경험이 있어도 경험 만 있다고 성공하는 것은 아니다.

◆ 중심지역 스프레드의 핵심

새싹이 돋고. 자라나서 열매를 맺고. 차가운 바람에 잎사귀를 모두 떨어뜨리고도 겨울을 살아남을 수 있을까. 이것은 중심지역 스프레드의 핵심이다.

♥ 중심지역 스프레드의 문제점

이것은 조언에 능하지만 해결책을 주는 방식의 스프레드는 아니다. 고개를 끄덕이게 만들 수는 있다. 현재를 비롯한 과거에 중심을 둔 스프레드이기 때문에 미래 예측에 대한 부분은 좀 부족하다.

♥ 중심지역 스프레드의 장점

그럼에도 불구하고 중심지역 스프레드는 선택 가능한 미래의 전망을 유연한 시각으로 보여주기 때문에 선택에 따라 달라지는 긍정적인 미래를 전망할 수 있도록 도와준다.

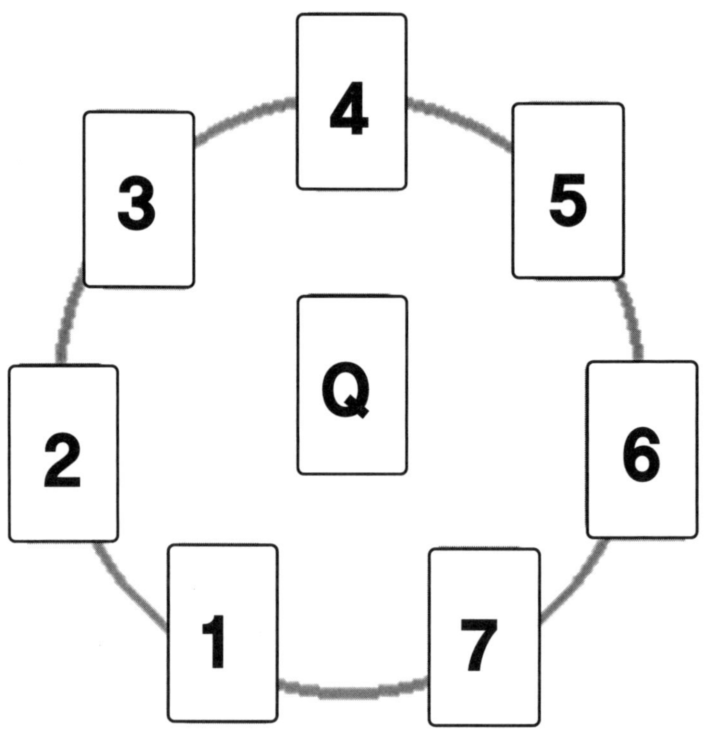

행성 스프레드 (Planetary Spread)

▶ 가장 중요한 것은 태양. 대부분의 질문 답은 태양의 위치에 있다.

▶ 방해물은 일곱 번째 위치에 나타난다.

Spread info : 스프레드 설명

첫 번째 놓인 카드 : 달(Moon) : 내면의 요구. 사교적 관계 : 여자
질문자의 사회적 성향 또는 사회적 위치.

두 번째 놓인 카드 : 수성(Mercury):커뮤니케이션. 형제. 사업
질문자의 업무적 성향. 또는 업무적 위치

세 번째 놓인 카드 : 금성(Venus):관계. 사랑. 우정. 금전. 예술
질문자의 개인적인 행동에 대한 사회적 평가.

네 번째 놓인 카드 : 태양(Sun):명예. 건강. 우월. 남자. 성취
질문자가 열망하는 것들의 현재 상태.

다섯 번째 놓인 카드 : 화성(Mars): 창조, 성, 투쟁. 불운. 적
질문자가 알아야 하는 예상외의 상황

여섯 번째 놓인 카드 : 목성(Jupiter): 성장의 기회. 사업. 종교. 획득.
질문자를 지지하고 밀어주는 것.

일곱 번째 놓인 카드 : 토성(Saturn): 한계. 병. 손실. 비밀. 심사숙고.
질문자의 알아야 하는 현재를 기준으로 한 가장 큰 문제점

여덟 번째 놓인 카드 : 질문자.
질문자의 생각.

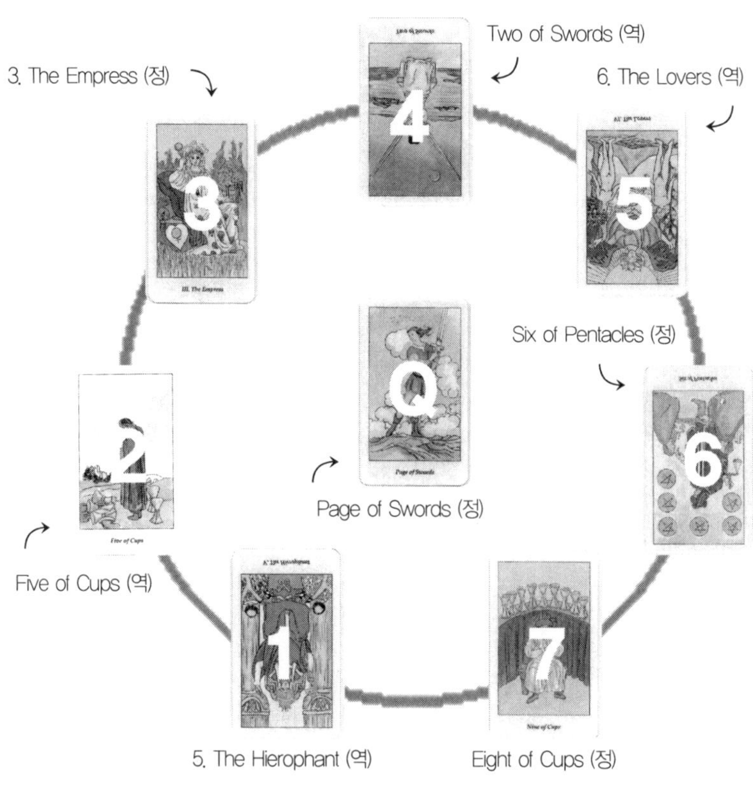

사용 카드: 베이직 웨이트

칼을 잡고도 망설이는 당신이 중심에 있을 때.
사건은 방향을 잃고 흔들리기 시작한다.

등을 돌린 여행자는 이미 떠난 것에 미련을 두지 않는다.
당신을 빈 그릇으로 만들어야 새로운 것을 채울 수 있다.
태양이 빛나고 있어도 밤은 춥기 마련이다.

타로카드 스프레드

달(Moon) : 내면의 요구. 사교적 관계 : 여자

5. The Hierophant:**역**

간단키워드 : 당신의 선택에 우선되는 것은 '의무' 와 '현재'

상류사회, 언어능력이 뛰어나 이해가 빠르다, 의견의 일치, 가식적이고 자연스럽지 못한 친절함, 결정을 내릴 수 없이 마음이 나약하다.

수성(Mercury):커뮤니케이션. 형제. 사업

Five of Cups : **역**

간단키워드 : 손실, 하지만 모든 것을 잃은 것은 아니다.

가족으로 맞아들이다, 가족이 늘어나다, 문제는 가문을 중요시 여기는 것.

금성(Venus):관계. 사랑. 우정. 금전. 예술

3. The Empress : **정**

간단키워드 : '물질적인 부' 와 '정신적인 만족' 두 가지를 모두 가진다.

결과, 시의적절한 행동, 일정한 기간, 보고도 못 본 척하다.

태양(Sun):명예 건강. 우월. 남자. 성취

Two of Swords : **역**

간단키워드 : 때로는 균형을 지키기 위해 고통을 겪어야 할 때도 있다.

진실하지 못한, 성실하지 못한

화성(Mars): 창조, 성, 투쟁. 불운. 적

6. The Lovers : **역**

간단키워드 : 섣부른 유혹에 넘어가지 않는다면 이롭다.

부적절한 계획으로 인해 실패하다. 원인이 자신에게 있는 창피한 손실.

목성(Jupiter): 성장의 기회. 사업. 종교. 획득.

Six of Pentacles : **정**

간단키워드 : 베푸는 것도 필요하지만, 그 사람들이 당신에게도 보답하게 하라.

베풀다, 자신의 행위에 기쁨을 느끼다, 가진 것에 대해 만족하다 (금전적으로)

토성(Saturn): 한계. 병. 손실. 비밀. 심사숙고.

Eight of Cups : **정**

간단키워드 : 겸손하게 행동하면 이익을 얻을 수 있다.

샘솟는 기쁨을 주는 모든 사람들, 당신을 부드럽게 감싸주는 사람들, 소심하고 내성적이지만 지혜를 가지고 명예를 존중하는 주변사람, 당신이 가져야 하는 겸손함과 정숙함.

질문자.

Page of Swords : **정**

간단키워드 : 작은 권력, 혹은 그것을 얻기 위한 노력.

작은 권력에 탐닉함, 비밀스런 유혹에 주의, 시험에 능한 특별한 재능.

타로카드 스프레드

행성스프레드로 금전운에 대해 질문 했을 때

달(Moon) : 관계
가식적일 수 있는 파트너
수성(Mercury): 질문자의 위치.
반대할 수는 없으나 찬성할 수는 있다.
금성(Venus):개인적으로
주변에서는 보고도 못 본척할 뿐이다.
태양(Sun): 열망.
바람직하지 못한 소원
화성(Mars): 예상 외.
당신에게도 잘못이 있다.
목성(Jupiter): 기회.
이익과 상관없이 다른 사람에게 도움을 주는 것.
토성(Saturn): 한계치.
겸손함과 정숙함이 없으면 오래가지 못한다.
질문자.
당신은 뒤집기에 능하니까. 결국은 성공할 수도 있다.

종합적인 해석 :
토성은 질문자에게 "겸손함"이 불운을 벗어나게 해줄 것이라고 조언하
고 있다. 그것은 금전에 대한 열망이 지금 중요한 문제가 아니라는 뜻이
다. 기회의 별은 당신에게 지금은 벌 때가 아니고 퍼줄 때라고 하고 금성
은 당신의 평가조차 좋지 못하다고 말한다. 돈은 순환하는 물건이다. 당
신은 지금 벌 때가 아니고 써야할 때이며 그것도 주변을 위해 써야할 때
라고 카드는 조언한다.

행성 스프레드로 애정에 대해 질문 했을 때

달(Moon) : 내면의 요구.
두 사람도 관계없다.
수성(Mercury):성향
새로운 만남을 원하다.
금성(Venus): 평가.
좋은 때.
태양(Sun):열망하는 것.
진짜 원하는 것은?
화성(Mars): 예상 밖의 사건.
실수할 수도 있다.
목성(Jupiter): 기회
현재에 만족하면 가능하다.
토성(Saturn): 문제점.
자신이 훌륭하고 정숙한 여자라는 것을 보여라.
질문자.
비밀스러운 접촉의 유혹에 주의하라,

종합적인 해석 :

하나든 둘이든 상대자가 있었으면 하는 소망은 현재의 운과도 맞닿아 있다. 태양은 정말로 새로운 사람을 원하는 것이 맞는지 재확인하라고 충고한다. 태양의 충고는 당신의 소망이 이루어진다는 뜻이다. 잘못된 사람과 만나게 될 수도 있다. 배우자가 있는 사람. 친구의 애인. 알고 보니 모든 면에서 사귈 수 없는 조건을 가진 사람. 당신이 지금 원한다고 해서 모든 사람에게 마음을 열어도 된다는 뜻은 아니다.

행성 스프레드로 직업+ 비즈니스에 대해 질문 했을 때

달(Moon) : 관계
결정을 내릴 수 없는 상태.
수성(Mercury): 사업적인 성향.
직원과 파트너를 늘리는 것을 좋아하다.
금성(Venus): 주변의 평가.
보고도 못 본 척하다.
태양(Sun): 현재 상태.
딴 곳에 정신을 팔고 있는 중이다.
화성(Mars): 불운
부적절한 계획으로 인해 실패하다.
목성(Jupiter): 사업
자신의 행위에 기쁨을 느끼다
토성(Saturn): 한계.
당신이 가져야 하는 겸손함과 정숙함.
질문자.
비밀스러운 접촉의 유혹에 주의하라,

종합적인 해석 :

질문자는 비즈니스의 측면에서 문어발 사업가에 속할 수도 있다. 사람을 좋아하고 여러 사람과 함께 공유하고 싶어 하는 건 나쁘지 않다. 그런데 사람에 한눈을 파느라 사업에 집중하지 못하는 건 좋지 못하다. 질문자가 실수를 하는 이유는 사업자체에 집중하고 있지 못하기 때문이다. 사람에서 기쁨을 느끼는 것이 아니라 당신의 사업과 직업에서 넘치는 기쁨을 누려야 할 때다.

♡ 행성 스프레드의 종합적인 해석

모든 희망에 대한 해피엔드의 상징인 태양의 조언은 "성실하게" 모든 돈을 상징하는 금성은 "시의적절하다" 많은 친구들과 즐겁게 사는 것이 목적이라면 좋다. 계획은 능력에 맞춰 세우는 것이 좋다. 능력에 버거운 계획도. 너무 소심한 계획도 금물. 인간관계에서의 해석은 좋은 편이나 금전은 불안정하다. 양쪽이 모두 필요한 비즈니스는 나쁘지 않은 정도. 별은 각자 자신의 구역에서 열 맞춰 태양계를 만든다. 당신도 당신의 자리에서 열심히 노력하는 것이 좋다.

◆ 행성 스프레드의 핵심

행성스프레드의 핵심은 "적절한 균형" 질문자 (혹은 지구)를 향한 별들의 영향은 치우치지 않기 때문이다. 별의 움직임이 다른 별의 움직임을 방해하지 않는지 살피고 별의 위치에 적절한 카드가 놓여야 하는 것이 핵심.

♥ 행성 스프레드의 문제점

위치에 맞지 않는 카드가 놓였을 때는 해석이 어려워질 수 있다. 실제로 질문을 가지고 해석하면 문제가 되지 않지만 질문 없이 카드를 셔플했을 때는 문제가 될 수 있다.

♥ 행성 스프레드의 장점

직업비지니스. 애정. 금전을 종합하여 볼 수 있는 스프레드라고 볼 수 있다. 실제로 각 위치가 따로 의미하는 것들이 충분히 해석을 도울 수 있기 때문에 전체적인 운을 보고 싶을 때 좋은 스프레드라고 볼 수 있다.

타로카드 스프레드

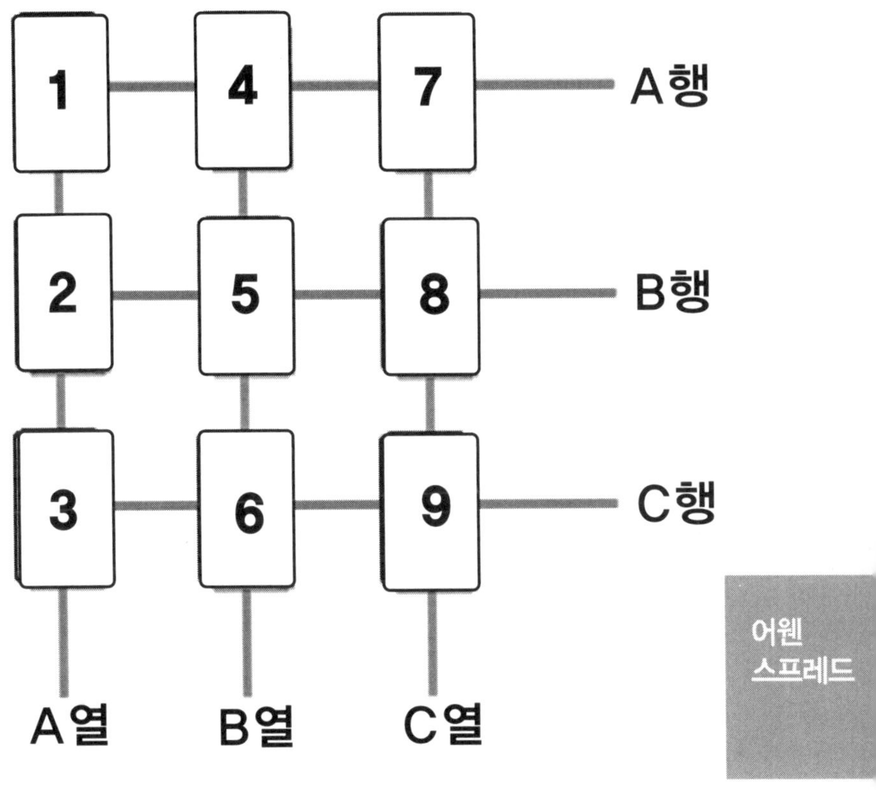

어웬 스프레드 (Awen Spread)

▶ 행과 열. 두 번에 걸쳐 해석한다.

▶ 5번 위치의 카드가 가장 중심이 된다.

Spread info: 스프레드 설명

A열 : 과거

과거와 상황은 연결되어 있다. 분리되지 않는다.

B열 : 현재

현재와 질문자의 마음은 연결되어 있다.

C열 : 미래

미래와 외적인 결과는 연결되어 있다.

1행: 상황. 사건의 원인과 동기

상황에 대한 객관적인 평가와 상황에 대한 질문자의 변명 또는 타당하다고 생각하는 이유.

2행: 내적인 면으로 볼 때의 결과

내면의 문제로의 결과는 주관적이기 때문에 질문자의 만족도를 기준으로 해석해야 한다.

3행 외적인 면으로 볼 때의 결과

외적인 부분에서의 결과는 객관적이어야 하기 때문에 질문자의 만족도가 아닌 사회적인 평가를 기준으로 해석되어야 한다. 해석할 때는 2행과 연결지어 해석하는 것이 좋다.

타로카드 스프레드

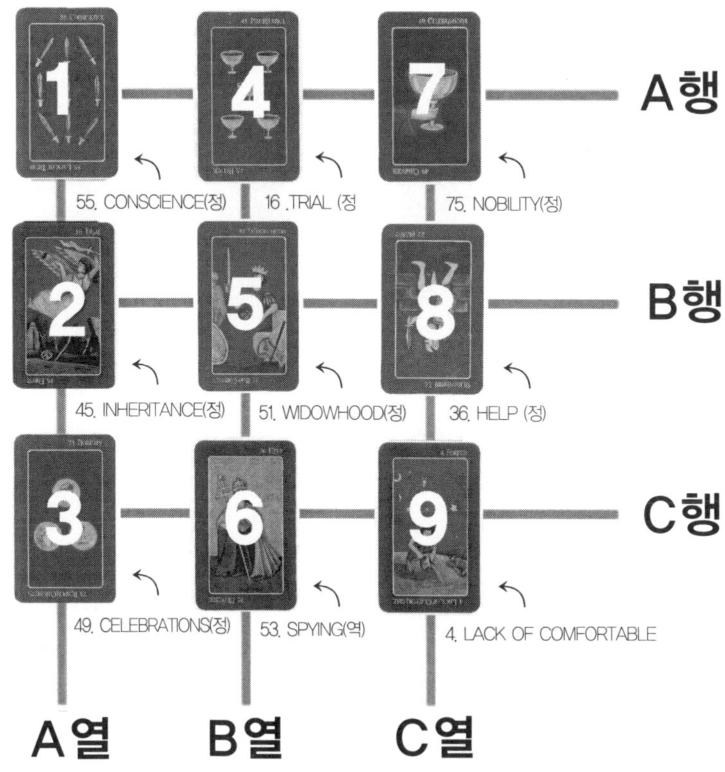

사용 카드: 에띨라 타로카드

문제는 당신을 향하고 있는 아홉 개의 칼이다.
결국 10개도 아닌 9개는 상황을 끝으로 이끌지도 못하고
당신을 죽음으로 이끌지도 못한다.
이 길고 불편한 상황은 당신의 어떤 시도에도 끝나지 않을 수도 있다.
지혜의 조언자는 도움을 줄 것이지만
그래도 시간은 흘러야 목적지에 도착한다는 것을 기억해야 한다.

A열 : 과거

55. CONSCIENCE ; 정

양심: 때로는 선택을 감성에 맡겨라. 이성보다는 감성이 당신의 양심을 보조할 수 있다. 이성적인 판단은 때때로 이기적일 수 있다. 흔들리거나 유혹당하지 말고 당신의 내면의 목소리에 소리를 기울이라. 지금 것은 유혹일 뿐이다.

45. INHERITANCE : 정

상속재산: 이것은 부모로부터 물려받은 재능처럼 무형적인 것에서부터, 집이나 통장 같은 물질적인 다양한 부도 상징한다. 일상적으로는 선배나 아는 사람의 프로젝트나 사업을 맡게 되는 경우도 많다. 다른 사람의 것을 받게 되는 모든 상황을 말한다.

49. CELEBRATIONS : 정

축하! 당신이 원하는 것이 이루어졌다. 더 원하는 것이 있다면 당신은 지나친 욕심을 가진 것이다. 물론 이것은 이미 이루어진 모든 것을 뜻하기도 하지만 앞으로 이루어질 것을 뜻하기도 한다. 따라서 미래라면 빛나는 미래가 될 것이다.

16. TRIAL : 정

시험(상당히 많은 질문에서 '재판' : 이 카드는 능력에 대한 시험을 말한다. 인간성. 도덕성. 일에 대한 자질은 물론 판단능력까지 모든 것에 대해 객관적인 결과를 알아내야 하는 시기이다. 수험생들에게 '입시'를 무직자들에게는 '입사시험'을 뜻하지만 대부분의 일반인들에게는 '예상하였으나 준비하지 못했던 법적인 일'을 의미한다.

51. WIDOWHOOD : 정

과부: 이 카드는 남성적인 여인. 때로는 이상하게도 남자친구가 없는 여인을 의미하기도 한다. 실제로 과부에게는 이 카드가 잘 나타나지 않는다. 남자에게 관심 없는 여인에게 이 카드가 나타났는데 연애점에서 이 카드가 선택되었다면 자신을 되돌아보기 바란다. 과연 애인이 필요하다고 스스로 생각하는가?

53. SPYING : 역

스파이(정보수집) : 정보를 수집하는 행위는 스파이행위와 일맥상통한다. 하지만 이 스파이 행위는 일반적인 정보수집과 달리 상대방이 모르도록 진행된다. 물론 당신이 지금 상대방이 모르도록 정보수집을 하고 있다면 최종적으로는 당신에게 도움이 될 수도 있다. 그 반대로 당신이 정보 수집을 당하지 않도록 주의하라.

75. NOBILITY : 정

고귀함: 타고는 고귀함은 중요한 것이 아니다. 당신은 노력을 통해 당신이 바라보고 있는 어떤 사람보다 훨씬 더 고귀한 존재가 될 수도 있다.

이 카드는 때때로 어떤 사람의 고귀함에 대한 감탄의 표시로 제시되기도 한다. 스스로를 빛나게 하는 사람. 이 카드는 그런 사람을 말한다.

36. HELP : 정

도움: 이 카드는 도움이 필요할 때 나타난다. 도움이 필요한 사람이 당신일 수도 있고 그 반대로 당신이 도움을 주어야 하는 사람일 경우도 있다. 질문에 따라서 판단해야 한다. 카드가 의미하는 사람의 부족한 부분을 채워 줄 수 있는 사람이 당신 일 수도 있다.

4. LACK OF COMFORTABLE

불편함: 이 카드는 당신이 '실수' 하고 있다고 말하고 있다. 운명의 바퀴가 자꾸 거꾸로 가려고 하는 것은 당신의 선택이 계속 '실수'를 반복하고 있기 때문이다. 원하는 것이 무엇인지 '딱 들어맞는 것'이 무엇인지 생각 해 보는 것은 어떨까?

1행: 상황. 사건의 원인과 동기

55. CONSCIENCE ; 정

양심: 때로는 선택을 감성에 맡겨라. 이성보다는 감성이 당신의 양심을 보조할 수 있다. 이성적인 판단은 때때로 이기적일 수 있다. 흔들리거나 유혹당하지 말고 당신의 내면의 목소리에 소리를 기울이라. 지금 것은 유혹일 뿐이다.

16. TRIAL : 정

시험(상당히 많은 질문에서 '재판' : 이 카드는 능력에 대한 시험을 말한다. 인간성. 도덕성. 일에 대한 자질은 물론 판단능력까지 모든 것에 대해 객관적인 결과를 알아내야 하는 시기이다. 수험생들에게 '입시'를 무직자들에게는 '입사시험' 을 뜻하지만 대부분의 일반인들에게는 '예상하였으나 준비하지 못했던 법적인 일' 을 의미한다.

75. NOBILITY : 정

고귀함: 타고는 고귀함은 중요한 것이 아니다. 당신은 노력을 통해 당신이 바라보고 있는 어떤 사람보다 훨씬 더 고귀한 존재가 될 수 도 있다. 이 카드는 때때로 어떤 사람의 고귀함에 대한 감탄의 표시로 제시되기도 한다. 스스로를 빛나게 하는 사람. 이 카드는 그런 사람을 말한다.

2행: 내적인 면으로 볼 때의 결과

45 INHERITANCE : 정

상속재산: 이것은 부모로부터 물려받은 재능처럼 무형적인 것에서부터, 집이나 통장 같은 물질적인 다양한 부도 상징한다. 일상적으로는 선배나 아는 사람의 프로젝트나 사업을 맡게 되는 경우도 많다. 다른 사람의 것을 받게 되는 모든 상황을 말한다.

51 WIDOWHOOD : 정

과부: 이 카드는 남성적인 여인. 때로는 이상하게도 남자친구가 없는 여인을 의미하기도 한다. 실제로 과부에게는 이 카드가 잘 나타나지 않는다. 남자에게 관심 없는 여인에게 이 카드가 나타났는데 연애점에서 이 카드가 선택되었다면 자신을 되돌아보기 바란다. 과연 애인이 필요하다고 스스로 생각하는가?

36. HELP : 정

도움: 이 카드는 도움이 필요할 때 나타난다. 도움이 필요한 사람이 당신 일 수도 있고 그 반대로 당신이 도움을 주어야 하는 사람일 경우도 있

다. 질문에 따라서 판단해야 한다. 카드가 의미하는 사람의 부족한 부분을 채워 줄 수 있는 사람이 당신 일 수도 있다.

3행 외적인 면으로 볼 때의 결과

49. CELEBRATIONS :정

축하! 당신이 원하는 것이 이루어졌다. 더 원하는 것이 있다면 당신은 지나친 욕심을 가진 것이다. 물론 이것은 이미 이루어진 모든 것을 뜻하기도 하지만 앞으로 이루어질 것을 뜻하기도 한다. 따라서 미래라면 빛나는 미래가 될 것이다.

53. SPYING : 역

스파이(정보수집) : 정보를 수집하는 행위는 스파이행위와 일맥상통한다. 하지만 이 스파이 행위는 일반적인 정보수집과 달리 상대방이 모르도록 진행된다. 물론 당신이 지금 상대방이 모르도록 정보수집을 하고 있다면 최종적으로는 당신에게 도움이 될 수도 있다. 그 반대로 당신이 정보 수집을 당하지 않도록 주의하라.

4. LACK OF COMFORTABLE

불편함: 이 카드는 당신이 '실수'하고 있다고 말하고 있다. 운명의 바퀴가 자꾸 거꾸로 가려고 하는 것은 당신의 선택이 계속 '실수'를 반복하고 있기 때문이다. 원하는 것이 무엇인지 ' 딱 들어맞는 것' 이 무엇인지 생각 해 보는 것은 어떨까?

어웬스프레드로 금전에 대해 질문 했을 때

A열 : 과거

카드는 금전에 대해 묻고 있는 질문자에게 현재 상태에 대한 객관적인 판단을 요구한다. 과거에 충분했던 돈을 지금은 가지고 있지 않느냐고.

B열 : 현재

카드는 질문자의 현재상태가 불분명하다고 암시하고 있다. 이제야 금전적인 것에 관심을 가지게 된 것도 실제로는 그저 주변상황 때문일 수 있다. 카드 점은 현실적인 대안일 수 없다. 목적을 명확히 하지 않는다면 카드의 조언도 쓸데없는 수다가 될 것이다.

C열 : 미래

타고난 탓에 주변에서 항상 채워주기는 하지만 그렇다고 항상 마음이 편한 것은 아니다. 언제까지 주변의 도움으로 일이 해결될지. 어느 순간 그 도움이 사라지는 것은 아닐지 질문자도 그런 걱정이 없는 것은 아니기 때문이다.

1행: 상황. 사건의 원인과 동기

스스로 현재의 상황에서 벗어나야 한다고 생각한 것은 좋은 결정이라고 볼 수 있다. 물론 시험을 겪게 되겠지만 시작의 위치가 좋은 만큼 노력의 결과는 더 좋을 것이라고 예상하기 때문이다.

2행: 내적인 면으로 볼 때의 결과

내면적으로 정신적인 독립의 기회가 될 수 있다. 무엇보다 중요한 것은 그것이다. 질문자도 언젠가는 어느 누구에겐가 도움이 되는 사람이어야 하기 때문이다.

3행 외적인 면으로 볼 때의 결과

결과적인 전망은 좋다. 원하는 것은 이루어졌고 충분한 경험도 가질 수 있었다. 그러나 질문자는 상쾌한 기분은 아닐 것이다. 그것은 처음 시작할 때부터 도움이 주어졌기 때문이다.

종합적인 해석:

가장 중요한 문제는 질문자에게 지금이 좋은 시기가 될 수 있는가 하는 점이다. 지금이라면 실패하더라도 손해는 크지 않을 것이다. 그러나 그 반대로 지금이 성공의 시기라고 볼 수 는 없다. 지금은 경험을 하기에는 좋은 시기이다. 최종적으로는 미래에 이 시기의 경험이 도움이 될 것임은 확실하다. 돈과 관련된 부분은 순환과 관련된 경우가 많다. 이 시기를 어떻게 보내느냐에 따라 미래의 금전운이 결정될 수 있을 것이다. 결론적으로 지금은 투자의 시기이다. 돈을 투자하는 것이 아니라 질문자의 시간과 노력을 투자해야 하는 시기이다.

타로카드 스프레드

어웬 스프레드로 애정운에 대해 질문 했을 때

A열 : 과거

과거에 주변의 인간관계를 통해 여러 사람을 소개받고 다양한 연애를 경험할 수 있는 환경이 주어졌음을 알 수 있다.

B열 : 현재

이제부터는 실전. 가벼운 경험이 아니라 미래를 내다 볼 수 있는 관계가 필요하다고 생각하고 여러 가지를 고민하고 있다. 지나친 고민의 이유는 질문자에게 과연 심각한 상대로서의 "이성"이 필요한 가 하는 점.

C열 : 미래

충분히 능력도 있고 주변의 도움도 있지만 과연 그런 만남이 반복되는 상황에 스스로 만족하는가 하는 부분에 있어서는 만족이라고 볼 수 없다. 결정하지 않는다면 끝나지 않는다. 끝없는 반복은 악몽이 될 수도 있다.

1행: 상황. 사건의 원인과 동기

주변의 시선 때문에 어쩌면 이제는 미래를 함께 할 배우자를 선택해야 한다는 억지를 부렸을 가능성이 있다.

2행: 내적인 면으로 볼 때의 결과

주변의 도움에도 불구하고 어쩌면 당신은 싱글을 선택할 수도 있겠다.

3행 외적인 면으로 볼 때의 결과

당신은 계속 불편 할 것이고 주변에서는 계속해서 당신에게 많은 사람을 소개하겠지만 어쩌면 정말로 싱글이 당신에게 어울릴지도 모른다.

종합적인 해석:

애정문제는 스스로가 얼마나 애착을 가지고 있는가에 달려있다. 애정운의 경우 세 가지로 나뉘는데 첫 번째는 현재의 상대자와 지속될 수 있을 것인가. 두 번째는 새로운 사람을 만날 수 있을 것인가. 세 번째는 앞으로도 혼자 지내야 하는가. 세 가지로 볼 때 질문자는 앞으로도 혼자 지내야 하는가에 해당한다고 볼 수 있다. 풍요 속의 빈곤이거나 그 반대로 아무것도 없는 상태이기 때문이다. 실제로 질문자는 독립적이다. 주변에서 들쑤시지만 않는다면 배우자에 대한 열망은 부족한 편이다. 애착이 부족하기 때문에 관계가 오래가기 힘들고 딱 맞는 상대를 만나기 어렵다고 해석될 수 있다. 누구에게나 때가 비슷하다는 것은 잘못된 생각이다. 질문자의 때는 아직 오지 않았을 가능성이 높다.

▶ 1행은 감정적인 질문자의 상태를 보여준다. 질문자의 상대는 미래의 전망에 가장 중요한 영향력이다.

▶ 3행은 현재 질문자의 선택에 대한 자문의 역할을 하고 있다. 질문자의 감정 상태(행)에 따른 질문자의 내적인 판단을 표현한다.

타로카드 스프레드

어웬 스프레드로 직업+비지니스에 대해 질문 했을 때

A열 : 과거

충분한 준비를 통해 이루어진 사업은 이롭다. 그러나 공짜로 받은 사업의 경우는 이롭지 못하다. 주변의 상황이 좋다고 하더라도 좋지 않을 때를 대비해야 하는 것이 사업의 기본이다.

B열 : 현재

예상치 못했던 상황이라고 말 할 수는 있다. 그러나 그렇게 말하는 건 책임감이 없는 행동이다. 모든일은 질문자 스스로 해결해야 한다. 지금까지 누군가 도움을 주었다고 해서 항상 도움을 주어야 하는 것은 아니다.

C열 : 미래

예상 했던 것만큼은 아니지만 결과는 있을 것이다. 충분하지 않을 수 있다. 만족할 만한 결과를 얻고 싶다면 현재의 사소한 문제들을 효과적으로 해결할 수 있어야 한다.

1행: 상황. 사건의 원인과 동기

괜찮다고 생각해서 시작했다면 끝까지 괜찮을 것이라고 예상하라. 그것이 정답이다. 처음부터 불안함을 느꼈다면 시작하면 안되는 것이 비즈니스다. 완벽한 준비로 시작하더라도 복병이 등장할 수 있는 것이 사업이라는 것을 잊어서는 안된다.

혼자서는 아무것도 할 수 없다는 것을 깨닫게 될지도 모른다, 자존심 상하게도 손을 벌려야 하는 일이 생길 수도 있다. 처음부터 할 수 없는 일에 도전했다는 생각을 가지게 될 수 도 있다. 그러나 생각하기 나름이다. 비즈니스는 현재의 경험이 미래의 돈이 되는 것이 기본. 스스로 할 수 없다는 것을 깨닫는 것도 좋은 경험이 될 것이다.

생각을 바꿔보면 당연한 결과라는 것을 이해할 수 있다. 오히려 그 경험이 당신의 비즈니스에 좋은 도움이 될 것이다. 결과가 특별히 나쁘다고 볼 수는 없다는 것을 깨닫게 될 것이다. 이번 경험을 통해 당신은 새로운 계기를 만나게 될 것이기 때문이다.

종합적인 해석:

판단의 때를 아는 것은 중요하다. 때가 늦으면 지혜도 찬밥과 같다. 지금은 질문의 때로 적합하다. 할 것이냐 말 것이냐 ^{to be or not to be} 는 비지니스를 한다면 매일 해야 하는 질문이다. 타이밍은 좋다. 재 점검의 기회가 왔고 질문자는 그 타이밍을 알아 차렸다. 큰 문제는 없다. 질문자는 모든 일을 잘 해결할 수 있을 것이다.

♡ 어웬 스프레드의 종합적인 해석

특정한 질문이 없다고 가정했을 때 종합적인 카드의 결론은 이롭다. 이롭지 않다로 결론내릴 수 없다. 지금이 경험의 시기이고 경험이 바탕이 될 수 있는 일이라면 미래의 전망이 나쁘지 않다는 것은 확실하다. 결론이 만족스럽지 못하다면 새롭게 카드를 뽑아도 좋다. 그 전에 할 것인지 말 것인지 결론을 정하고 질문하라.

◆ 어웬 스프레드의 핵심

어웬 스프레드의 핵심은 복잡하게 얽혀있는 관계의 재해석이다. 관계를 어떻게 볼 것이냐에 따라 결과가 달라질 수 있기 때문이다. 운명은 서로에게 영향을 끼친다는 것을 알려주는 것이 이 스프레드의 핵심이다.

♥ 어웬 스프레드의 문제점

명확한 해석을 내리기에 난이도가 높다는 점은 이 스프레드의 가장 큰 문제점이다. 모든 카드가 연결되어 있기 때문에 한번에 좋다 나쁘다를 판단하기 어려운 점은 어웬 스프레드의 단점이다.

♥ 어웬 스프레드의 장점

어웬 스프레드의 장점은 상황을 다각도로 짚어볼 수 있다는 점이다. 영향을 줄 수 있는 요인을 여러 가지 각도에서 보는 것을 통해서 질문자에게 많은 것을 설명해 줄 수 있다는 점은 장점이라고 볼 수 있다.

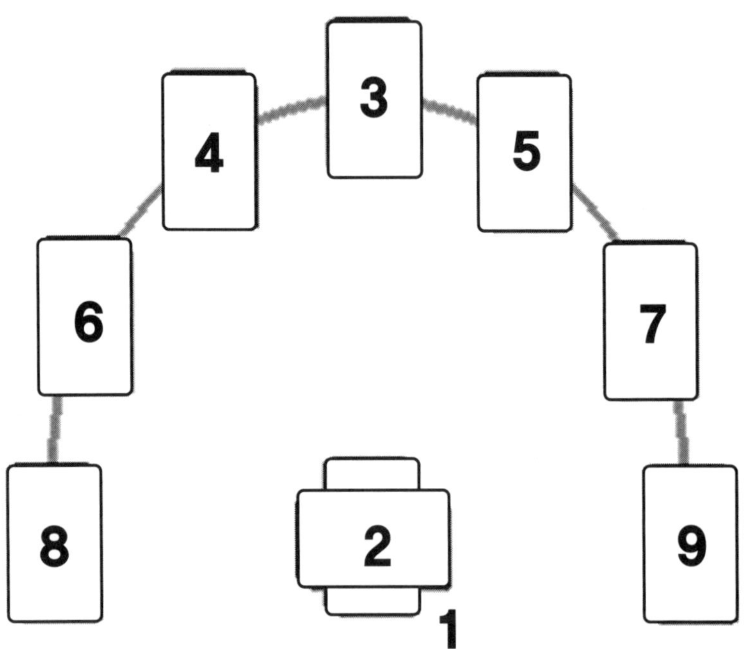

아만다의 부채 스프레드 (Amanda' s Fan)

▶ 상황은 한 방향으로 벌어지지 않고 중심을 향해 모이게 됩니다.

▶ 장애물을 모든 카드가 설명합니다.

▶ 해석의 요점은 2번이 아니라 9번 카드가 됩니다.

Spread info: 스프레드 설명

첫 번째 놓인 카드 : 질문자

질문자가 무엇보다 가장 먼저 알아야 할 기본적인 것.

두 번째 놓인 카드 : 장애물

질문자가 이미 알고 있는 문제점이거나 질문자의 부족한 부분

세 번째 놓인 카드 : 기초

결과를 위해 충분히 준비가 되었는가. 준비가 되어있지 않은가.

네 번째 놓인 카드 : 과거

질문의 계기가 된 것

다섯 번째 놓인 카드 : 현재

현재의 상황 또는 현재의 상황이라고 생각되는 것

여섯 번째 놓인 카드 : 미래

예측되는 미래

일곱 번째 놓인 카드 : 결과

질문의 결과. 또는 현재 행동의 결과

여덟 번째 놓인 카드 : 내부의 영향

결과를 통해 질문자가 알게 될 것들.

아홉 번째 놓인 카드 :외부의 영향

결과를 통해 질문자가 감당해야 하는 것들

아만다의
부처
스프레드

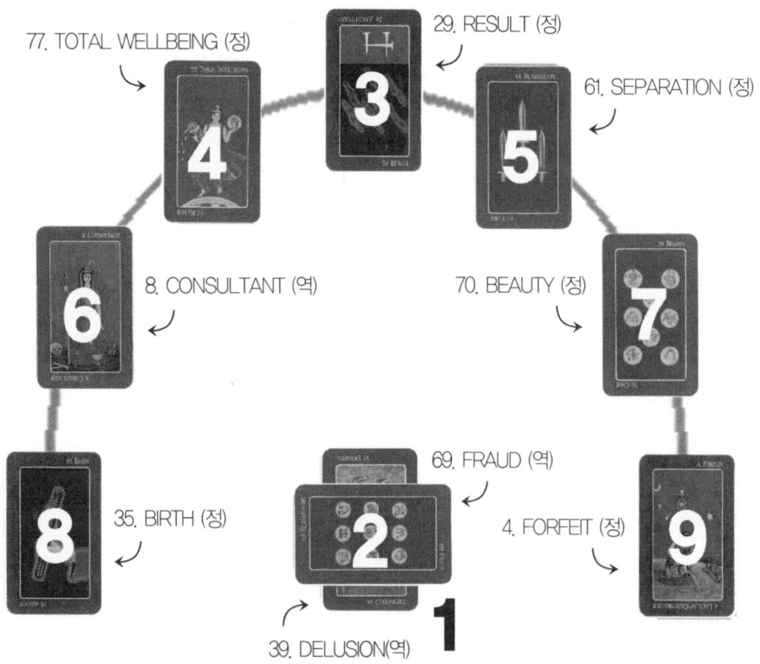

사용 카드: 에띨라 타로카드

컵을 뒤집어 비워버리면 현재의 것은 사라진다.
가진 것이 없는데 많은 것처럼 보이는 것은 사기에 불과하다.
가슴에 상처가 남았다고 포기할 것인가? 흘러가는 것은 잡을 수 없다.
잡더라도 결국 떠나게 될 것이다. 고민은 중요하다.

그러나 혼자서 처박혀 고민하는 것은 좋지 못하다.
스스로 놓아주어야 떠난 것이 돌아올 수 있다.
돌아오지 못하도록 막는다면 나중의 기회도 사라지게 된다.

질문자 **39. DELUSION : 역**

기만: 신념이 흔들리지 않도록 정신을 차리는 편이 좋겠다. 원하는 결과를 얻기 위해서는 상대방의 얄팍한 속임수에 속아서는 안된다. 물론 겉으로 화려한 것에 속지 않을 사람은 많지 않다. 지금 당신 곁에 분명한 속임수가 존재한다.

장애물 **69. FRAUD : 역**

사기: 사기. 협잡. 기만 그리고 가장 나쁜 속임수. 이 모든 것에 주의해야 할 때이다. 열쇠를 남에게 맡기지 말라. 친하고 가까운 상대라고 하더라도 스스로의 입장보다 나의 입장을 더 우선할리는 없다. 기대하지 않으면 실망도 없다.

기초 **29. RESULT : 정**

결과: 이것은 당신이 꼭 마음에 들 만한 결과는 아니다. 이것은 완벽하게 계획했던 결과가 아니다. 그저 원한 것 보다는 못한. 그러나 완전히 실패라고는 할 수 없는 그 정도의 결과이다. 완전히 부정적인 결과는 아니지만 '다음번에는 노력을 요함' 정도라고 해석한다.

과거 **77. TOTAL WELLBEING : 정**

충분한 행복: 충분한 행복의 완성은 행복한 가정과 마음의 안정이다. 당신이 원하는 모든 것은 이루어질 것이다. 혹시 현재 이루어졌다면 당신은 행복에 겨워 지겨워하고 있지 않은가? 지나친 행복으로 일탈을 꿈꾸고 있다면 모험을 추천한다. 아직 행운의 태양이 당신 머리위에 있을 때라면 모험도 즐겁지 않은가?

현재 **61. SEPARATION : 정**

분할 : 세상은 항상 나뉘고 합쳐지기를 반복한다. 그것은 인간사회도 마찬가지이다. 당신의 재산은 나눠질 것이며 가족은 서로 멀리 떨어지게 될 수도 있다. 직장이라면 부서간의 이동에 주의하라. 새로운 그룹에서 고독하게 될 수 있다. 모든 것은 변하게 된다. 지금은 변화의 시기이다.

미래 **8. CONSULTANT : 역**

우이독경(牛耳讀經): 당신은 주변의 의견을 무시하고 있다. 지금까지 당신의 판단이 모두 옳았다고 하더라도 지금은 다른 사람의 말에 귀를 기울여야 할 시간이다.

결과 **70. BEAUTY : 정**

아름다움은 황금처럼 반짝이며 쉽게 녹이 슬지 않는다. 이 키워드는 찬 사이거나 혹은 아름다움만을 쫓는 당신에 대한 충고이다. 사람의 아름다움은 지혜에서 비롯되어야 한다.

타로카드 스프레드

내부의 영향 35. BIRTH : 정

탄생: 탄생은 새로운 상황을 의미한다. 안정적이고 편안하던 지금까지의 상황과는 달라질 수 있음을 암시한다. 사전적으로 새로운 가족의 탄생을 의미하기도 하지만 대부분은 변화하는 당신 자신을 뜻하는 경우가 많다. 새로운 시작으로 기억하자.

외부의 영향 4. FORFEIT : 정

몰수당하다: 이 카드는 모든 질문에 대해 No라고 말한다(당신의 입장에서) 내가 당신이라면 "안돼"라고 외치고 싶을 것이다. 당신은 억울하게 (당신의 입장에서)빼앗길 수도 있고 벌금을 물게 될 수도 있다. 그러나 그건 순리에 따른 것이니 너무 억울해하지 않기를……

아만다의 부채로 금전운에 대해 질문 했을 때

질문자
흔들리는 이유를 질문자도 알고 있다.
장애물
너무 많은 기대는 실망을 낳는다.
기초
이전의 경험이 결과를 예언하고 있다. 질문자도 알고 있다.
결과가 좋을 만한 상황은 아니다.
과거
과거의 일이 좋게 해결된 것은 그저 운에 불과하다.
현재
지금은 변화의 시기이다.
미래
미래를 원한다면 귀를 기울여야 할 시간이다.
결과
지혜를 가진 사람의 결과는 좋기 마련이다.
내부의 영향
 새로운 시작으로 기억하자.
외부의 영향
빼앗기다.

종합적인 해석:
소득은 없다. 현재의 상황은 미래의 소득이 질문자의 것이 아닐 수도 있음을 암시한다. 주변을 돌아보고 당신의 이익을 야금야금 가져갈 준비를 하고 있는 도둑에 주의하라. 현재 상황이 좋더라도 마지막에 손에 쥘 수 있는 것이 없다면 무슨 소용이란 말인가.

타로카드 스프레드

아만다의 부채로 애정운에 대해 질문 했을 때

흔들리는 마음

기대하지 않으면 실망도 없다.

이것은 당신이 꼭 마음에 들 만한 결과는 아니다.

충분한 행복:

고독하게 될 수 있다.

당신은 주변의 의견을 무시하고 있다.

사람의 아름다움은 지혜에서 비롯되어야 한다.

새로운 상황을 의미한다.

몰수당하다:

종합적인 해석;

상대가 있는 경우로 가정하고 해석했을 때 상황은 그리 좋지 못하다. 현재에도 지금 질문자의 관계가 결코 평탄하지 않다는 것은 질문자도 잘 알고 있지만 눈감고 귀 닫고 모른 척 하고 있을 뿐이다. 결국 헤어질 상대 라면 좋게 헤어지는 것이 낫다. 서로에게 추억이 될 수 있기 때문이다.

상대가 없는 경우로 가정하고 해석했을 때는 아직 새로운 사람을 사귈 만한 시기가 아니라고 볼 수 있다. 시간이나 마음의 여유가 없으면 결국 경쟁자에게 상대자를 빼앗길 수 있는 상황이다. 주변에서도 당신이 현재 애정에 시간을 쏟을 상황이 아니라는 것을 조언하고 있는 상황이라면 남의 말에 귀를 기울여야 한다는 것을 깨닫는 것이 좋다.

▶ 애정 운의 설면에 있어서 미래와 결과의 카드가 상충되는 경우,
1번 위치 질문자 카드가 어떤 의미인가가 종합적인 해석에 반영되어야 한다. 질문자의 상태가 이중적이면 미래와 결과가 서로 분리되어 나타난다. 이것은 각각 질문자가 무엇을 선택하느냐에 달려있는데, 결과는 가까운 미래를, 미래는 조금 더 먼 기간의 미래를 뜻할 수 있다. 이것을 판단하는 기준은 내부의 영향에 달려있다.

▶ 과거와 현재의 차이는 질문자의 선택의 기로를 암시한다.
모든 질문의 시작은 여기에서 비롯된다. 내부의 영향은 감정적인 판단을 보여주는데 이것이 외부의 영향에 가려 겉으로는 드러나고 있지 못한 경우, 이것은 장애물 위치의 카드가 상세히 설명해줄 것이다.

타로카드 스프레드

아만다의 부채로 직업 + 비즈니스에 대해 질문 했을 때

질문자
당신 곁에 분명히 속임수가 존재하고 있다.
장애물
속임수에 당하다.
기초
좋다고 말하기에는 부족한.
과거
충분히 행복한 행복.
현재
끝을 알 수 없는 변화의 시기.
미래
결국은 다른 사람들의 말에 귀를 기울이게 될 것이다.
결과
지혜가 결과를 결정한다.
내부의 영향
새로운 마음가짐.
외부의 영향
제한당하다.

종합적인 해석:
장애물은 속임수, 이것으로 외부의 긍정적인 영향력은 제한된다.
질문자와 장애물의 내용이 일치한다면 질문자의 판단 능력이 장애물
그 자체인 상황이다.

경력이나 주변상황이 나쁘지 않기 때문에 시작했던 비즈니스의 현재상황이 예상만큼 좋지 않았기 때문에 질문자는 당황하고 있다. 불처럼 화끈하게 퍼질 것처럼 생각했던 일들이 생각만큼 빠르게 진행되고 있지 못한 것은 결국 문제가 될 수 있는 상황들을 배제하고 계획을 세웠기 때문이다. 결국 다른 사람의 조언을 들어야 할 상황이 될 것이다. 조언을 듣는다는 뜻은 다른 사람의 통제를 받게 된다는 것과 같다. 혼자 마음대로 해서 해결되지 않는다면 다른 사람의 도움을 받아야 하는 것이 당연하다. 자존심은 상하겠지만 그렇게 하면 실패하지는 않을 것이다.

▶ 통제권은 비지니스의 핵심이다. 우선권을 누가 가지고 있는 지는 내부의 영향력과 외부의 영향력이 질문자와 관계되어 있는가, 아님 장애물과 관계있는가에 따라서 달라진다. 이 둘이 일치할 경우 영향력에서 벗어나기란 쉽지 않다.

▶ 미래와 결과는 상호보완적이라 비지니스에 있어서 미래는 가까운 결과를, 결과는 최종적인 질문자의 선택을 보여준다.

타로카드 스프레드

♡ 아만다의 부채 스프레드의 종합적인 해석

카드의 전체적인 해석은 자유를 누리기에 부족하나 결과적으로는 나쁘지 않다는 것이 총평. 가장 큰 장애물은 준비부족. 두 번째 장애물은 현재의 상황을 명확하게 판단하고 있지 못한 것. 결국 실패를 막기 위해 도움을 받아야 하기 때문에 모든 이익을 질문자가 가질 수는 없을 것이다. 남의 도움이란 그런 것이다. 받는 대신 주어야 한다.

◆ 아만다의 부채 스프레드의 핵심

핵심은 간단하다. 미래가 중요한 것이 아니라 미래의 조건이 중요한 것이다. 아만다의 부채는 예상되는 결과를 보는 것이 아니라 그 조건을 보는 것이 핵심이다.

♥ 아만다의 부채 스프레드의 문제점

첫 번째 문제점은 종합적인 해석이 어렵다는 것이다. 그 중간과정이 어렵고 스피드하게 읽어버리면 상황을 놓치기 쉽다. 꼼꼼하게 읽지 않으면 엉뚱한 해석이 될 수도 있다는 것이 두 번째 단점. 천천히 시간을 들여 읽으면 단점을 극복할 수 있다.

♥ 아만다의 부채 스프레드의 장점

아만다의 부채의 장점은 카드들이 짝을 지어 움직이기 때문에 일부만 해석하기 쉽다는데 있다. 원인이면 원인. 과정이면 과정 일부분만 읽어도 해석이 가능하기 때문에 카드를 전부 펼친 상태에서도 질문자와의 커뮤니케이션이 가능하다. 질문자와 상황을 하나하나 나누어가며 읽는 다면 더 좋은 결과를 얻을 수 있다.

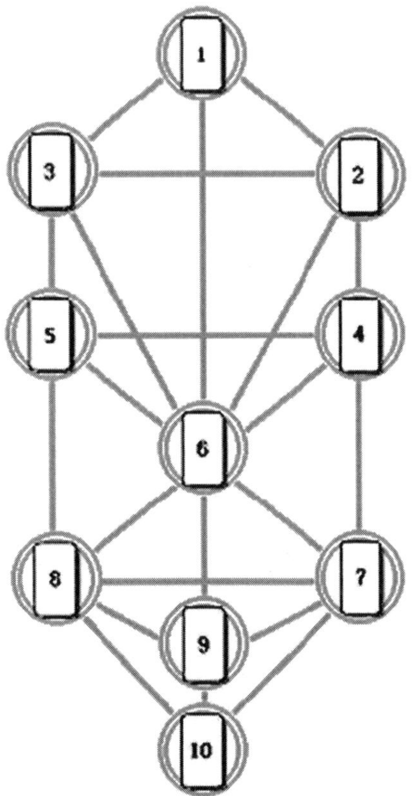

생명의 나무 (세피롯의 나무) 스프레드

생명의 나무는 아홉도 아니요 열 하나도 아니요 열이라고 했다.
따라서 세피롯의 나무의 형태를 스프레드로 사용할 때도 열이라는
숫자의 신비를 져버려서는 안 된다.

생명의 나무는 그 근원부터 시작하여 하늘로 열린 그 길마다
의미를 가진다. 따라서 이것의 구조는 훼손되거나 생략하거나
무시해서는 그 모든 의미가 사라진다고 하겠다.
생명의 나무는 그러한 것이다.

타로카드 스프레드

첫 번째 놓인 카드 : 케텔 : 왕관: 원인과 결과

시작과 끝은 가장 가까운 거리에 있다. 원인과 결과는 서로 다르지 아니하고 그 과정에 영향을 받으나 과정 또한 시작에서 벗어날 수 없다.

두 번째 놓인 카드 : 호크마: 아는 자의 지혜

시작은 지혜에서 비롯되니 아는 자 만이 지혜를 사용할 권리를 가진다. 지혜는 시작을 통해 완성되니 모든 힘의 근원은 지혜이다.

세 번째 놓인 카드 : 비나 : 어머니의 포용력.

자궁을 통해 탄생한 생명은 이때부터 현실에 존재하게 된다. 이곳이 영혼계의 마지막 통로 – 비나로부터 현실이 시작된다.

네 번째 놓인 카드 : 헤세드 : 사랑

이성의 지혜와 마음의 이해의 완성. 가장 큰 힘을 가진 사랑은 헤세드의 속성이다. 무한히 퍼지는 단 하나의 힘이 사랑이다.

다섯 번째 놓인 카드 : 게부라: 심판의 힘

첫 번째 균형의 힘. 부질없는 것들을 잘라내고 세계가 유지되도록 균형을 유지한다.

여섯 번째 놓인 카드 : 티베레트 : 근원의 미

중심에 위치한 티베레트는 가장 아름다운 내면의 얼굴을 상징한다. 양

생명의
나무
스프레드

성을 가진 완벽함.

　일곱 번째 놓인 카드 : 내자: 인내의 승리
　태양과 달. 무한한 시간을 인내하여 승리를 얻는다. 시간의 열쇠를 가진 빛은 무한히 반복하여 영원을 차지한다.

　여덟 번째 놓인 카드 :호드: 위엄을 지켜 영광을 얻다.
　지배를 포기하여 위엄을 얻다. 물의 속성을 가진 모든 생명은 자신의 환경에 따라 달라지며 속성을 잃지 않는다. 어느 곳에 있더라도 호드는 바뀌지 않는다.

　아홉 번째 놓인 카드 : 이소드: 창조의 기초
　대대로 이어지는 것. 전통과 도덕 그리고 가장 좋은 것은 사라지지 않고 보존되는 인간의 본성이다.

　열 번째 놓인 카드: 말쿠트: 창조된 세계. 토라.
　신성한 왕관이 세상에 도달하는 것. 인간으로 존재하기 위한 마지막 관문을 통과하다.

타로카드 스프레드

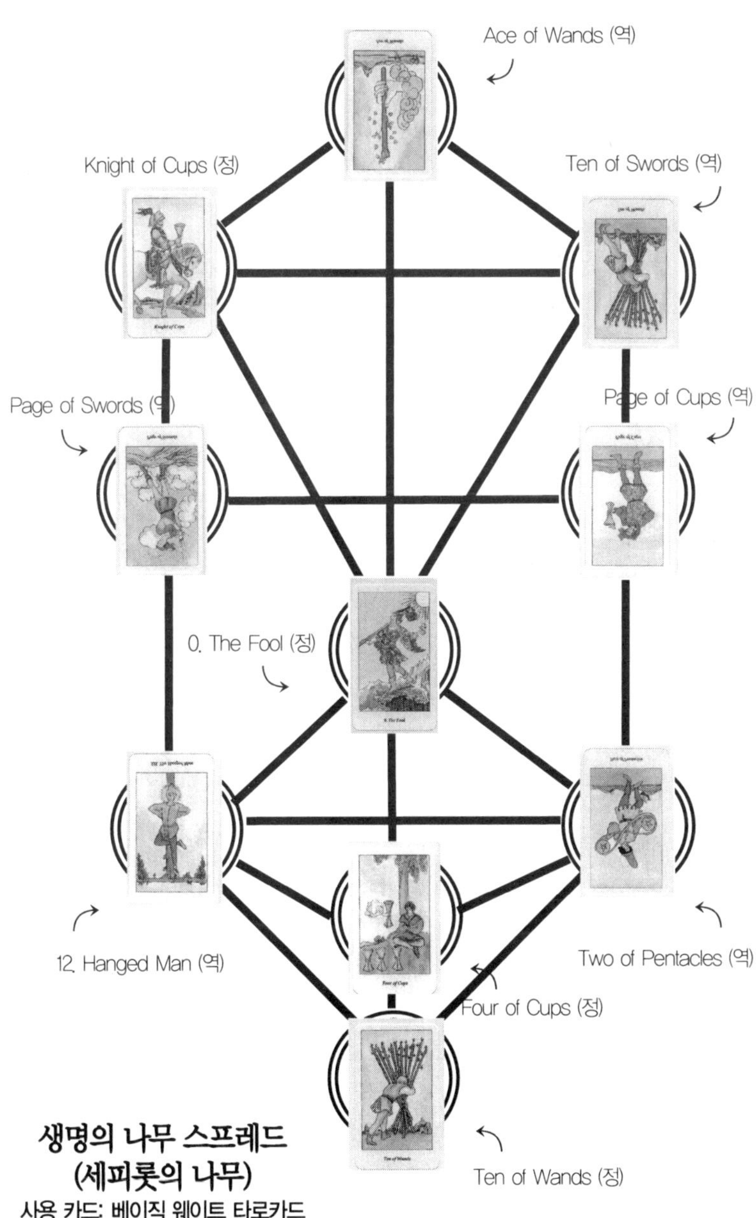

생명의 나무 스프레드
(세피롯의 나무)
사용 카드: 베이직 웨이트 타로카드

머리위에 972개의 꽃잎은
새로 피어나는 가지처럼 타오르는 힘을 가지고 있으니
절단되는 것은 이겨낼 수 있다.

잘라내는 것도 지혜이고 골라내는 것도 방법의 하나이다.
알기 위해 떠나는 여행은 이롭고
아무것도 모를 때 지혜를 받아들이기는 더 쉬운 법이다.

무한함은 끝나지 않는 시간을.
희생은 명예와 위엄을 되찾게 한다.

기초는 네 개의 기둥이며
문은 두개의 기둥사이에 세워져 있다.

타로카드 스프레드

케텔 : 왕관: 원인과 결과 Ace of Wands **역**

간단키워드 : 성공할 가능성이 더 높다, 실패한다고 해도 이것은 성공의 기반이 될 것이다.

행운의 별이 당신의 머리 위에서 떠나다. 사회적인 삶에서 소외되다. 약간의 소득을 얻었지만 안심할 수 없다.

호크마: 아는자의 지혜 Ten of Swords **역**

간단키워드 : 고통과 슬픔, 하지만 단기적인

절망의 시간은 끝나고 이제 일어설 시기, 이 시기를 잘 잡는다면 이득을 얻을 것이고 다시 절망하지 않을 수도 있을 것이다, 그러나 과거에 절망의 시간이 있었음을 기억하라. 그리고 더 이상의 실수가 일어나지 않도록 경계하라.

비나 : 어머니의 포용력. Knight of Cups **정**

간단키워드 : 예상했던 결과를 얻게 되다.

소식을 받다, 지식이나 능력이 높은 단계로 오르다, 더 좋은 직장을 제안 받다, 당신에게 기쁨을 줄 모임에 초대되다.

헤세드 : 사랑 Page of Cups **역**

간단키워드 : 참신한 아이디어를 가진 동료나 친구

버릇, 겉모습에 현혹되다.

게부라: 심판의 힘 Page of Swords **역**

간단키워드 : 작은 권력, 혹은 그것을 얻기 위한 노력

예측하지 못한 일이 발생하다.

티베레트 : 근원의 미 0. The Fool **정**

간단키워드 : 절제한다면 미래로, 절제하지 못한다면 나락으로 향한다.

자신만이 아니라 주변사람들까지 뒤흔들다. 한곳에 빠지면 정신을 차리지 못하는 사람, 미친 듯이 행동하다, 상황을 가리지 않고 화를 내다, 금전적으로 불안정한.

내자: 인내의 승리 Two of Pentacles **역**

간단키워드 : 현재의 상황은 단기적으로 끝나지는 않을 것이다.

위선적인 미소(상업적인 스마일페이스), 문장력 등 문학적인 자질, 그룹을 이루어 활동하다.

호드 : 위엄을 지켜 영광을 얻다. 12 Hanged Man **역**

간단키워드 : 원하는 바를 얻기 위한 희생은 누구에게나 요구된다.

타인을 생각하지 않는, 현재 상황과는 상관없는 주변사람들, 머리만 굴리는.

타로카드 스프레드

이소드: 창조의 기초 Four of Cups **정**

간단키워드: 과거는 그저 추억일 뿐, 현재의 '나'에게 무엇인가를 주지 않는다.

주어진 것들에 대해 싫증을 느끼다, 반대로 모든 것에 기쁨을 느끼다.

말쿠트: 창조된 세계. 토라. Ten of Wands **정**

간단키워드 : 끝장이라고 생각할 정도의 힘든 상황, 하지만 최종 결과의 주사위는 당신에게 있다.

자신의 능력보다 넘치는 일을 떠맡게 되다(그러나 완성되면 소득을 얻게 되다), 스스로 선택한 고민(그러나 결과는 얻지 못할 수 있다), 법적인 문제의 결과는 좋지 못한 쪽으로 흐르다.

생명의 나무로 금전운에 대해 질문 했을 때

케텔 : 왕관: 원인과 결과
좋지 않은 시기에 일을 시작하여 노력을 한다 해도 큰 소득은 얻을 수 없다.

호크마: 아는 자의 지혜
현재는 언젠가 과거가 된다는 사실을 아는 것은 현재를 벗어나는데 중요하다.

비나 : 어머니의 포용력.
새로운 단계에 돌입하다.

헤세드 : 사랑
겉모습에 현혹되다.

게부라: 심판의 힘
예측하지 못한 일이 발생하다.

티베레트 : 근원의 미
절제하라.

내자: 인내의 승리
비즈니스 스마일

호드 : 위엄을 지켜 영광을 얻다.
타인을 생각하지 말라.

이소드: 창조의 기초
변화를 시작하다.

말쿠트: 창조된 세계. 토라.
새로운 일을 시작하게 되다.

종합적인 해석:
시작의 기초는 튼튼하지 않으나 이 시기를 짧게 끝내면 새로운 시작이
가능하다. 과거는 과거일 뿐이고 현재도 결국 과거가 될 것이다. 질문자
에게 필요한 것은 지나친 타인의 시선에 굴복하지 않는 것과 내심을 드러
내지 않는 비즈니스 스마일. 그것을 해내면 생각했던 것보다 더 큰 세계
를 가지게 될 것이다. 이번 일은 경험으로 생각하는 것이 좋다.

▶ 금전 운에 있어서 해석의 포인트는 호크마 ⋯▶ 게부라 ⋯▶ 이소드.
지혜롭게 시험을 견뎌내고 시작을 준비하면 나머지는 저절로 토라를
향해 움직이게 된다.

생명의 나무로 애정에 대해서 질문 했을 때

케텔 : 왕관: 원인과 결과
사회적인 삶에서 빗겨가다.

호크마: 아는 자의 지혜
더 이상의 실수가 일어나지 않도록 경계하라.

비나 : 어머니의 포용력.
당신에게 기쁨을 줄 모임에 초대되다.

헤세드 : 사랑
버릇,

게부라: 심판의 힘
예측하지 못한 일이 발생하다.

티베레트 : 근원의 미
한 곳에 빠지면 정신을 차리지 못하는 사람,

내자: 인내의 승리
그룹을 이루어 활동하다.

호드 : 위엄을 지켜 영광을 얻다.
현재 상황과는 상관없는 주변사람들

타로카드 스프레드

이소드: 창조의 기초

주어진 것들에 대해 싫증을 느끼다,

말쿠트: 창조된 세계, 토라,

스스로 선택한 고민(그러나 결과는 얻지 못할 수 있다)

종합적인 해석:

문제의 근원은 때가 되었으나 짝이 없는 질문자의 상태. 현재 상태의 원인은 적절하지 못한 대상을 사랑하게 되는 질문자. 한 가지에 집중할 줄 알지만 빠지면 판단력을 잃어버리는 질문자의 문제는 항상 새로운 문제를 자처할 수 있다. 문제는 또 다른 문제를 낳는다. 그 문제의 원인은 질문자의 선택미스 때문이다. 선택의 방식을 바꾼다면 문제가 발생하는 것을 줄일 수 있다.

▶ 애정에 있어 해석의 포인트는 케텔 ···▸ 헤세드 ···▸ 토리 ···▸

원인과 애정의 근원을 이해하고 그 결과를 인정하면 발전된 인간관계의 이해를 꾀할 수 있다.

생명의 나무로 직업+비지니스에 대해서 질문 했을 때

케텔 : 왕관: 원인과 결과
약간의 소득을 얻었지만 안심할 수 없다.

호크마: 아는자의 지혜
이 시기를 잘 잡는다면 이득을 얻을 것이고 다시 절망하지 않을 수도
있을 것이다

비나 : 어머니의 포용력.
지식이나 능력이 높은 단계로 오르다

헤세드 : 사랑
버릇

게부라: 심판의 힘
예측하지 못한 일이 발생하다.

티베레트 : 근원의 미
금전적으로 불안정한.

내자: 인내의 승리
그룹을 이루어 활동하다.

호드 : 위엄을 지켜 영광을 얻다.
머리만 굴리는.

타로카드 스프레드

주어진 것들에 대해 싫증을 느끼다, 반대로 모든 것에 기쁨을 느끼다.

말쿠트: 창조된 세계, 토라.

법적인 문제의 결과는 좋지 못한 쪽으로 흐르다.

종합적인 해석:

비즈니스의 면에서는 손해는 없으나 이익도 크지 못하다. 근본이 되는 자본은 불안정하며 좋은 시기이나 실수가 반복되면 결국은 똑같은 결과에 놓일 뿐이다. 비즈니스의 기본은 몸으로 뛰는 것 머리로만 움직이면 결과 탄생시킬 수 없다. 합병이나 동업자는 좋지 못하다. 법적인 문제가 발생하면 질문자가 이기기 힘들기 때문이다.

▶ 비지니스의 해석에서 기운은 케텔 ⋯▶ 호드 ⋯▶ 이소드 ⋯▶

현재의 상태를 이해하고 사회적인 지위를 유지하는 것이 비지니스의 기초가 된다. 내면의 가르침은 호드를 위한 것이다.

◆ 생명의 나무 스프레드의 대해

생명의 나무 스프레드의 핵심은 10장의 스프레드로 하나의 세계를 창조하는 것. 이 비밀스러운 모양이 한번 완성되면 모든 것에 영향을 끼칠 수 있기 때문에 준비가 되지 않은 상태에서 심심풀이로 카드를 본다면 이 스프레드는 절대로 사용하지 말 것.

이것이 타로카드 스프레드의 의미를 가지는가 아닌가에 대해서는 여러 가지 이견이 있고 본 저자 또한 이 스프레드로 자신이 아닌 타인의 점을 보는 것에 대해서는 회의감을 가지고 있다는 것을 밝힙니다. 이것은 자신의 점을 볼 때는 나쁘지 않으나 사용하기 전 생명의 나무에 대한 이해가 필요하고 이해 없이 사용하는 것은 결코 이익이 되지 않을 것임을 경고합니다. 특히 타인의 점을 볼 때는 시작 전에 각 위치와 생명에 나무에 대한 충분한 이해를 위한 대화를 거친 다음 사용해야 함을 밝힙니다.

타로카드 스프레드

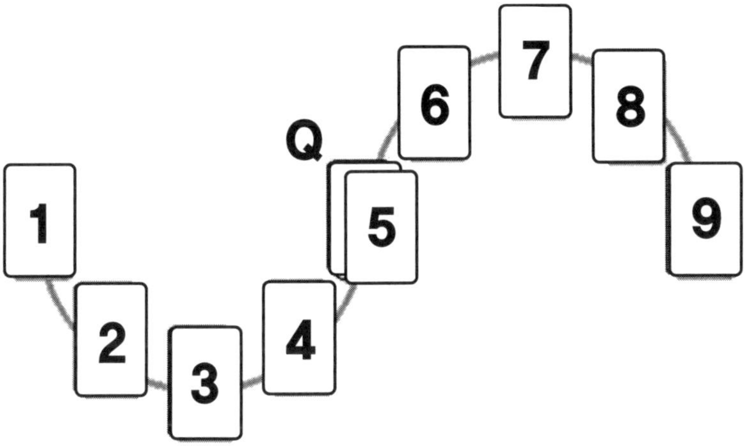

스파이럴 스프레드 (Spiral Spread)

▶ 중심에 해결책이 있다.

▶ 1번과 9번만 해석해도 답을 찾을 수 있다.

Spread info: 스프레드 설명

첫 번째 놓인 카드 : 기초 (Foundation) : 현재 사건의 원천

문제의 근본

두 번째 놓인 카드 : 과거의 행동 (Past Actions) : 현재에 영향을 미친 과거의 행동

질문자의 행동패턴. 버릇.

세 번째 놓인 카드 : 과거의 감정 (Past Emotions):현재의 영향을 미친 과거의 감정

질문자의 판단의 기준

네 번째 놓인 카드 : 과거의 외부의 영향 (Past outside influences)

질문자의 경험에 의한 주관적인 판단 기준

다섯 번째 놓인 카드 : 현재위치 (Current Position) :

모든 면에서 보았을 때 질문자의 현재 상태.

여섯 번째 놓인 카드 : 미래의 외부영향 (Future outside Influences)

질문자의 현재 행동이 초래한 미래의 상황

일곱 번째 놓인 카드 : 미래의 감정 (Future Emotions)

질문자가 외부의 영향을 받아들이는 방식.

여덟 번째 놓인 카드 : 미래의 행동 (Future Action)

질문자가 외부의 영향 받고 반응하는 방식

아홉 번째 놓인 카드 : 결과 (Outcome)

최종적인 결과에 대한 예측

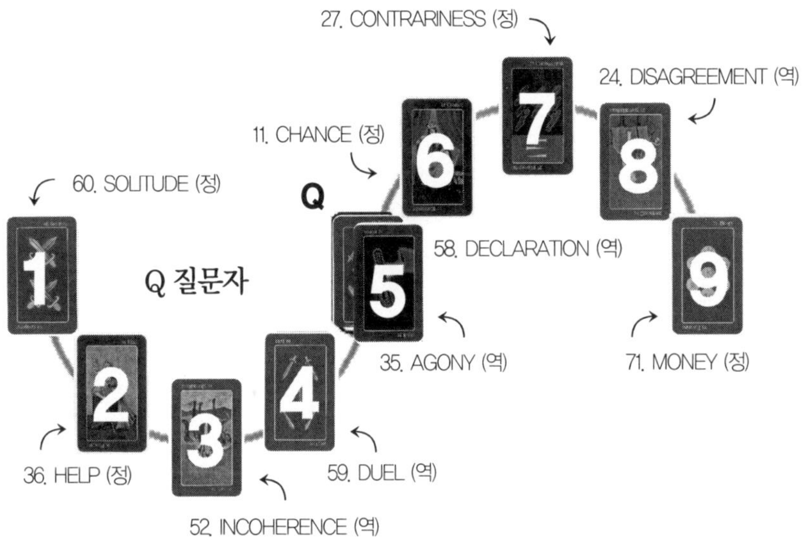

사용 카드: 에띨라 타로카드

대립하는 상황에서는 그 누구도 이길 수 없다.
당신을 도울 수 있는 지혜는 다른 사람에게 있고
대립은 멈추지 않고 당신을 괴롭힐 것이다.

쥐고 있는 것을 놓아야 새 삶을 살수 있다는 경고는
당신에게는 들리지 않는다.

기회는 여왕의 발밑에서 기다리는 사자와 같다.
결국 당신이 원하는 것은 무엇인가?

첫 번째 놓인 카드 : 기초 (Foundation) : 현재 사건의 원천

60. SOLITUDE : **정**

고독: 이 고독은 군중 속의 고독 같은 감정적인 고독에서부터 실제로 무인도에 떨어지는 물리적인 고독까지 모두 포함한다. 당신은 태어나면서부터 혼자다. 어차피 군중 속에서도 혼자라면 주변에 사람이 있건 없건 중요하지 않다.

두 번째 놓인 카드 : 과거의 행동 (Past Actions) : 현재에 영향을 미친 과거의 행동

36. HELP : **정**

돕다: 이 카드는 도움이 필요할 때 나타난다. 도움이 필요한 사람이 당신 일 수도 있고 그 반대로 당신이 도움을 주어야 하는 사람일 경우도 있다. 질문에 따라서 판단해야한다. 카드가 의미하는 사람의 부족한 부분을 채워 줄 수 있는 사람이 당신일 수도 있다.

타로카드 스프레드

세 번째 놓인 카드 : 과거의 감정 (Past Emotions):현재의 영향을 미친 과거의 감정

52. INCOHERENCE : **역**

앞뒤가 맞지 않음 : 이 카드는 논리적이고 순리적이지 않음을 말한다. 세상의 모든 일들은 순서대로 이루어진다. 당신이 순서를 마구 뒤섞어 놓는다고 해도 마찬가지이다. 당신의 논리는 옳지 못하다. 누구도 이해할 수 없다. 당신만의 생각을 늘어놓거나 주변사람을 뒤흔드는 일은 그만했으면 한다. 지금 자제하지 않으면 나중에 부끄러움을 느끼게 될 것이다.

네 번째 놓인 카드 : 과거의 외부의 영향 (Past outside influences)

59. DUEL : **역**

결투 : 이것은 당신과 당신의 경쟁자에 관한 카드이다. 당신의 경쟁자가 때를 기다리고 있었다면 당신은 피해갈 수 없다. 겨루어야 한다. 이 카드는 항상 선의의 결투를 말한다. 당신에게도 좋은 경험이 될 것이다. 승패의 여부와는 관련이 없다. 승패의 여부가 궁금하다면 섞여져 있는 카드 무더기의 가장 아래의 카드를 펼쳐 볼 것.

다섯 번째 놓인 카드 : 현재위치 (Current Position) :

35. AGONY : **역**

고통: 처음 어린 아기가 서기 위해서는 뼈를 누르는 고통을 겪는다고 한다. 때문에 익숙해 질 때까지 어린 아기들은 서는 것을 좋아하지 않는다. 이처럼 모든 일에는 겪어야만 하는 과정이 있다. 사전적으로 '고통'이라는 의미보다는 겪어야 하는 과정으로 기억해두자.

11. CHANCE : 정

기회(대부분의 질문에 있어서 행운) : 당신이 '행동' 할 예정이라면 그 예정(또는 계획)은 잘 진행될 것이다. 좋은 운이라고 해서 지금에서야 무언가 하겠다고 생각한다면 당신의 게으름이 일을 망칠 것이다. 이것은 오랜 시간을 투자하여 당신이 준비한 것에 대한 '기회' 이다.

일곱 번째 놓인 카드 : 미래의 감정 (Future Emotions)

27. CONTRARINESS 정

반대를 겪다 : 때때로 이유 없는 반대를 겪게 될 수 있다. 그러나 대부분 그 반대에는 이유가 있다. 나이가 든 경험 있는 조언자들은 고집을 가지고 있는 경우가 많다. 그것은 연륜과 경험에 의한 것으로 대부분의 경우 그 조언은 틀리지 않는다. 그러나 그저 반대세력이라면 이길 수 있는 방법을 찾아라.

여덟 번째 놓인 카드 : 미래의 행동 (Future Action)

24. DISAGREEMENT : 역

싸움(대부분의 해석에 있어서 의견차이) : 대부분의 상징해석에서 '기사' 는 전쟁을 준비하는 사람으로 묘사된다. 따라서 기사는 '전쟁' 의 의미를 내포하고 있다. 이것은 당신과는 다른 의견이 제시될 것이며 쉽게 해결되지 않을 것임을 말한다.

71. MONEY 정

돈: 모든 문제의 우너인이 돈임을 암시하거나, 당신이 추구하는 것이 돈임을 말하거나 혹은 돈과 관련된 모든 사건을 말한다. 이것은 지불받을 것을 받게 되거나 지불 할 수 있을 만한 청구서를 말한다.

Q 질문자

58. DECLARATION 역

공표: 이것은 앞뒤의 카드의 내용을 단정짓는 카드이다. 즉 앞 카드의 키워드가 ‘손실’ 이라면 ‘손실을 얻게 될 것이다’ ‘결혼’ 이라면 ‘결혼하게 된다’ 가 될 수 있다. 말 그대로 ‘선언하노니…“로 해석해도 좋다. ’ 독립 ‘을 선언하는 당신을 말하는 카드가 될 수도 있다.

▶ 1번과 Q위치만 해석하면 문제는 간단하게 이해될 수 있다.

카드들이 질문없이 선택되었다면 질문자는 – 독립을 간절히 원하고 있다 –

스파이럴 스프레드로 금전에 대해 질문 했을 때

첫 번째 놓인 카드 : 기초 (Foundation) :
고독: 주어진 것이 없다.

두 번째 놓인 카드 : 과거의 행동 (Past Actions) :
마지막 순간의 도움

세 번째 놓인 카드 : 과거의 감정 (Past Emotions) :
이 카드는 논리적이고 순리적이지 않음을 말한다.

네 번째 놓인 카드 : 과거의 외부의 영향 (Past outside influences)
승패의 여부와는 관련이 없다.

다섯 번째 놓인 카드 : 현재위치 (Current Position) :
 겪어야 하는 과정

여섯 번째 놓인 카드 : 미래의 외부영향 (Future outside Influences)
오랜 시간을 투자하여 당신이 준비한 것에 대한 '기회' 이다.

일곱 번째 놓인 카드 : 미래의 감정 (Future Emotions)
때때로 이유 없는 반대를 겪게 될 수 있다.

여덟 번째 놓인 카드 : 미래의 행동 (Future Action)
 당신과는 다른 의견이 제시될 것이며 쉽게 해결되지 않을 것임을 말한
다.

타로카드 스프레드

지불받을 것을 받게 되거나 지불 할 수 있을 만한 청구서를 말한다.

Q 질문자

공표

종합적인 해석:

기초가 없으면 기대를 가지지 않는 것이 좋다. 준비가 되지 않은 상황도 문제지만 항상 막판에 도움을 받았다고 해서 언제나 받을 수 있다는 기대는 버리는 것이 좋다. 이러한 복잡한 상황이 질문자의 현실적인 판단을 막았기 때문에 질문자의 판단력을 믿을 수 있는 상황이 아니다. 현재는 이 모든 것을 극복해야 하는 과정의 상태. 과거의 행실에 대한 대가는 주변의 반대로 겪게 될 것이다. 그러나 지금의 대가로 지출과 수입의 균형이 맞는 청구서를 가지게 될 것이다.

▶ 과거의 행동과 현재 위치는 밀접한 관계를 가진다. 2번과 5번 위치를 기준으로 판단할 때 과거의 장애물을 주변의 도움으로 벗어날 수 있었기 때문에 현재의 장애물이 발생했음을 알 수 있다.

스파이럴 스프레드로 애정에 대해 질문 했을 때

첫 번째 놓인 카드 : 기초 (Foundation) :
어차피 군중 속에서도 혼자라면 주변에 사람이 있건 없건 중요하지 않
다.

두 번째 놓인 카드 : 과거의 행동 (Past Actions) :
부족한 부분을 채워 줄 수 있는 사람이 당신일 수도 있다.

세 번째 놓인 카드 : 과거의 감정 (Past Emotions) :
지금 자제하지 않으면 나중에 부끄러움을 느끼게 될 것이다.

네 번째 놓인 카드 : 과거의 외부의 영향 (Past outside influences)
이것은 당신과 당신의 경쟁자에 관한 카드이다.

다섯 번째 놓인 카드 : 현재위치 (Current Position) :
사전적으로 '고통' 이라는 의미보다는 겪어야 하는 과정으로 기억해두
자.

여섯 번째 놓인 카드 : 미래의 외부영향 (Future outside Influences)
기회(대부분의 질문에 있어서 행운)

일곱 번째 놓인 카드 : 미래의 감정 (Future Emotions)
반대를 겪다

타로카드 스프레드

당신과는 다른 의견이 제시될 것이며 쉽게 해결되지 않을 것임을 말한다.

돈과 관련된 모든 사건을 말한다.

공표

종합적인 해석:

애정에 대해 질문한 질문자라면 진짜 문제가 애정이 맞는지 확인할 필요가 있다. 질문자의 부족한 부분은 결국 질문자 스스로 채워야 하는 것. 어느 누구도 채워줄 수 없다. 자꾸 눈을 다른 곳에 돌리고 있는 질문자의 마음은 자포자기의 심정이다. 그러나 현재의 그러한 무모한 행동은 결국 질문자의 지지 세력들을 떨어져 나가게 할 것이다. 지금은 필요하지 않지만 언젠간 필요할 수도 있다는 사실을 생각해 두어야 한다. 지금 손에 쥐어야 하는 것은 재정적 능력이다. 연애에도. 결혼에도 돈은 필요하다.

스파이럴 스프레드로 직업+ 비즈니스에 대해 질문 했을 때

첫 번째 놓인 카드 : 기초 (Foundation) : 현재 사건의 원천
고독:

두 번째 놓인 카드 : 과거의 행동 (Past Actions) : 현재에 영향을 미친
과거의 행동
돕다: 이 카드는 도움이 필요할 때 나타난다.

세 번째 놓인 카드 : 과거의 감정 (Past Emotions):현재의 영향을 미친
과거의 감정
앞뒤가 맞지 않음

네 번째 놓인 카드 : 과거의 외부의 영향 (Past outside influences)
당신에게도 좋은 경험이 될 것이다. 승패의 여부와는 관련이 없다.

다섯 번째 놓인 카드 : 현재위치 (Current Position) :
겪어야 하는 과정으로 기억해두자.

여섯 번째 놓인 카드 : 미래의 외부영향 (Future outside Influences)
이것은 오랜 시간을 투자하여 당신이 준비한 것에 대한 '기회' 이다.

일곱 번째 놓인 카드 : 미래의 감정 (Future Emotions)
반대를 겪다

당신과는 다른 의견이 제시될 것이며 쉽게 해결되지 않을 것임을 말한다.

당신이 추구하는 것이 돈임을 말하거나 혹은 돈과 관련된 모든 사건을 말한다.

Q 질문자

공표:

종합적인 해석:

질문자가 궁극적으로 원하는 것은 비즈니스의 결과에 따른 금전적 이득이다. 비즈니스를 하는 목적이 금전이라는 뜻이다. 혼자서 오랫동안 준비해 왔지만 주변의 도움이 필요 없는 것은 아니다. 일의 성공에 대해서는 논란의 여지가 많고 주변에서는 반대도 서슴지 않는다. 질문자가 원하는 것이 그냥 "돈" 만 이라면 결과는 나쁘지 않다. 그러나 "돈"이외의 것을 원한다면 계획의 수정이 필요하다.

▶ 2번 3번 7번 위치를 바탕으로 볼 때 질문자는 양가적인 태도를 가지고 있다. '~과거는 과거가 아닌가' 하며 부정하려고 하지만 부정할 수 없다는 것도 알고 있다. 양가적인 감정으로 인한 이중적 태도는 비지니스의 장애물이 될 수 있다.

♡ 스피이럴 스프레드에 대해서

이 스프레드는 스파이럴 (나선)의 모양을 사용한 상징적인 스프레드로 모든 것의 중심에 "질문자"가 있는 질문자 집중형 스프레드이다. 따라서 모든 해석은 Q 질문자의 의지와 생각에 달려 있다. 과거. 현재. 미래를 통틀어 모든 것을 관찰하고 판단하는 것이 질문자 자신임을 깨닫는 것이 스파이럴 스프레드의 목적이다. 남 탓하기 좋아하는 질문자가 있다면 이 스프레드를 통해 깨우침을 줄 수 있을 것이다. 남 탓하는 질문자의 경우 이 해석을 못마땅해 할 수 있다는 점도 기억해야 한다. 이 스프레드의 해석은 모든 원인이 질문자에게 있다는 것을 기준으로 말하게 되고 질문자가 원하는 것이 남에게 탓을 돌리는 일일 때는 이 스프레드가 말하는 내용을 모두 부정할 수도 있다.

이 스프레드는 열린 마음에게는 긍정적이며 상처받은 사람들에게는 부정적일 수도 있다. 질문자의 상태에 따라 사용할 것인지를 신중하게 결정해야 한다.

▶ 질문자의' 부정적 성향 을 이해하는 것이 해결의 핵심이라는 것은 부언설명되어야 한다. 질문자가 치우친 감정으로 받아 들이지 않고 해석에 대해 거부감을 갖지 않도록 조심해야 한다.

타로카드 스프레드

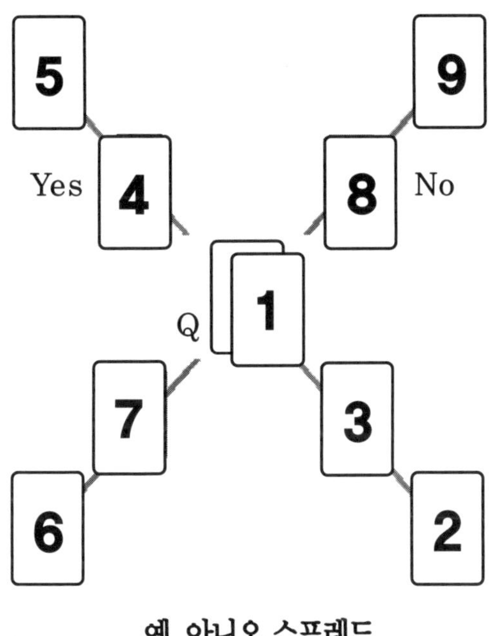

예, 아니오 스프레드

▶ 5, 4, 1, 3, 2 순서로 한번 읽는다.

▶ 9, 8, 1, 7, 6 순서로 한 번 더 읽는다.

▶ 두 가지를 비교해 가며 긍정과 부정을 판단한다.

Spread info: 스프레드 설명

첫 번째 놓인 카드 : 질문에 대한 대답
정방향–〉예 역방향 –〉 아니오.

두 번째 놓인 카드 & 세 번째 놓인 카드: 긍정적인 영향력
도움이 될 수 있는 모든 것들

네 번째 놓인 카드 & 다섯 번째 놓인 카드: 문제에 대한 질문자의 생각
질문자가 선택할 행동의 기초

여섯 번째 놓인 카드 & 일곱 번째 놓인 카드: 부정적인 영향력.
질문자의 약점. 혹은 다른 사람의 방해

여덟 번째 놓인 카드 & 아홉 번째 놓인 카드: 문제에 관한 질문자의 감정.
상황을 바라보는 질문자의 시각

Q:
해석의 기준이 되는 질문자 그 자체

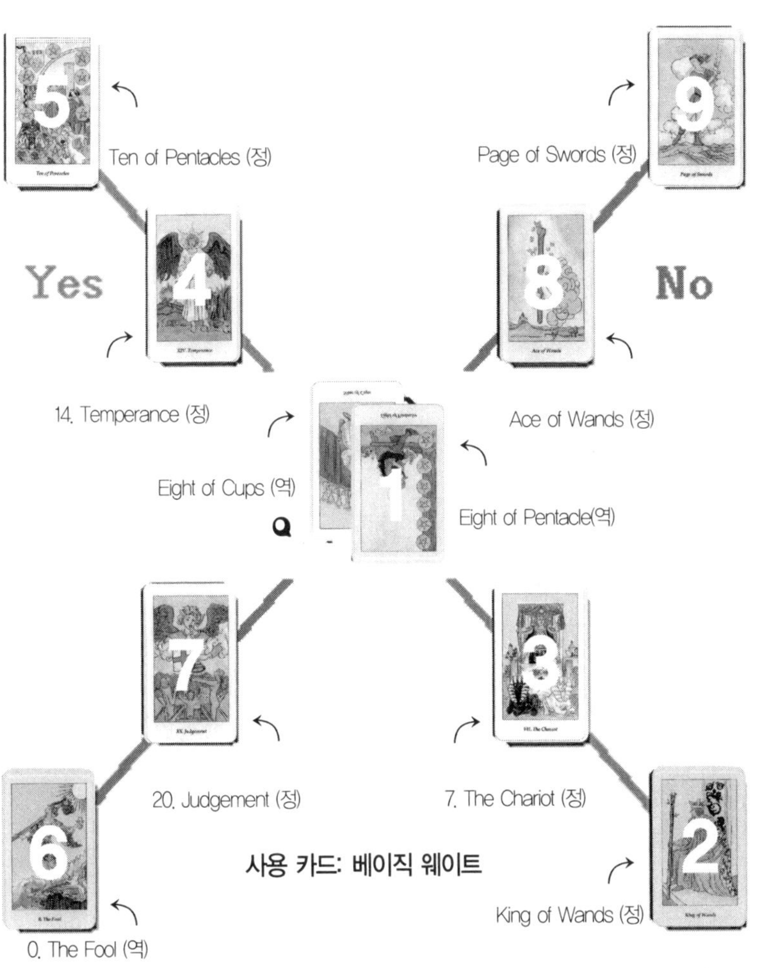

노력한 것이 뒤집혀지고 모든 것은 새로 시작된다.
밀고 나가는 것은 좋지 못하다.
때로는 그것이 좋은 결과를 맞이하게 될 수도 있다.
모든 것이 멈춰 있지 않은 세상에서는 바보도 왕이 될 수 있고
시간이 지나면 결국 추억이라고 말하게 될 것이다.
현재는 안타깝게 여겨지는 것이 당연하다.

첫 번째 놓인 카드 : 질문에 대한 대답 정 방향–〉예 역방향 –〉아니오.

Eight of Pentacles **역**

간단키워드: 자신의 일에 대한 책임감.

자신의 재능을 발휘하지 못하고 안정적인 선택을 하다, 자신의 능력을 과신하여 욕심을 부리다, 타인에게 지나치게 강요하다.

두 번째 놓인 카드 & 세 번째 놓인 카드: 긍정적인 영향력

King of Wands **정**

간단키워드: 상식적이고 당연하게 행동하라.

말이 없는 사람, 계획했던 대로 이사를 하다.

7 The Chariot **정**

간단키워드 : 지나치지 않는다면 이익을 얻을 수 있다.

모든 것은 신의 의지대로, 모든 것은 자연의 섭리대로, 전쟁이 시작되다, 경쟁에서 승리를 획득하다, 이익을 예상하다, 당한 만큼 갚다 (내가 행동한 만큼 당하다).

14 Temperance 정

간단키워드 : 지나치지 않으면 손해 볼 일도 없다.

물질적인 면에서의 중용은 수요와 공급으로 맞추는 것이다. '욕구'를
절제할 때 자신이 가진 물질적인 것들을 지킬 수 있게 된다.

Ten of Pentacles 정

간단키워드 : 스스로 선택한 미래의 결과

스스로 노력하여 독립하다, 자신이 원하는 바를 이루기 위해 떠나다.

여섯 번째 놓인 카드 & 일곱 번째 놓인 카드: 부정적인 영향력.

0. The Fool 역

간단키워드 : 절제한다면 미래로, 절제하지 못한다면 나락으로 향한다.

주변에 대해 무관심한, 자신의 일을 끝맺는 데 관심이 없는, 어차피 해
고 당 할 직장.

20 Judgement 정

간단키워드 : 모든 것은 밝혀지고 완성되어 원점으로 돌아간다.

당신이 생각하고 있는 일에 대한 결과를 통보받다, 지금까지와는 달라
지는 환경 혹은 시험의 조건.

여덟 번째 놓인 카드 & 아홉 번째 놓인 카드: 문제에 관한 질문자의 감정.

Ace of Wands 정

**간단키워드: 성공할 가능성이 더 높다, 실패한다고 해도 이것은 성공
의 기반이 될 것이다.**

당신의 샘솟는 의지와 창의력, 자연의 법칙, 세상의 모든 것을 움직이

게 하는 에너지의 근원, 당신의 새로운 가족, 아직 당신에게는 행운의 별이 빛나고 있다.

Page of Swords 정
간단키워드 : 작은 권력, 혹은 그것을 얻기 위한 노력.
작은 권력에 탐닉하다, 비밀스러운 접촉의 유혹에 주의하라, 시험에 능한 특별한 재능.

Q: Eight of Cups 역
간단키워드 : 겸손하게 행동하면 이익을 얻을 수 있다.
행복, 축제

예 아니오 스프레드로 금전에 대해 질문 했을 때

첫 번째 놓인 카드 : 질문에 대한 대답
역방향 : 아니오.

두 번째 놓인 카드 & 세 번째 놓인 카드: 긍정적인 영향력
말이 없는 사람,
모든 것은 자연의 섭리대로,

네 번째 놓인 카드 & 다섯 번째 놓인 카드: 문제에 대한 질문자의 생각
물질적인 면에서의 중용은 수요와 공급을 맞추는 것이다.
스스로 노력하여 독립하다,

여섯 번째 놓인 카드 & 일곱 번째 놓인 카드: 부정적인 영향력.
자신의 일을 끝맺는 데 관심이 없는,
지금까지와는 달라지는 환경 혹은 시험의 조건.

여덟 번째 놓인 카드 & 아홉 번째 놓인 카드: 문제에 관한 질문자의 감정.
아직 당신에게는 행운의 별이 빛나고 있다.
시험에 능한 특별한 재능.

Q: 행복, 축제

종합적인 해석:

금전운은 좋을 것인가? 라는 질문에 대한 대답은 그렇지 않다. 이 스프레드의 특징은 Yes. No를 먼저 구분하고 해석해야 하기 때문이다. 첫 카드가 역방향이므로 질문에 대한 대답은 No. 왜 좋지 않은가 하면 끝맺음을 잘 하지 못하고 상황조차 달라지기 때문이다. 그럼에도 불구하고 질문자는 태연자약. 언제나 실전에 강한 질문자의 타고난 능력 때문에 지금까지는 실패가 없었기 때문이다. 이번에도 그 능력을 발휘하고 싶다면 현재 하고 있는 일을 끝맺는데 정성을 다할 것.

▶ 금전에 영향을 주는 것은 언제나 부정적인 영향력이다.

긍정적인 영향력은 이미, 혹은 앞으로 저절로 움직일 것이기 때문에 고려하지 않아도 질문자의 것이다. 그러나 부정적인 영향력은 다르다. 질문자가 이것을 이해하지 못하면 부정적인 영향력은 점점 커질 수 있기 때문에 가장 중요하다.

예, 아니오 스프레드로 애정에 대해 질문 했을 때

첫 번째 놓인 카드 : 질문에 대한 대답
역-〉 아니오.

두 번째 놓인 카드 & 세 번째 놓인 카드: 긍정적인 영향력
말이 없는 사람
모든 것은 자연의 섭리대로

네 번째 놓인 카드 & 다섯 번째 놓인 카드: 문제에 대한 질문자의 생각
물질적인 면에서의 중용은 수요와 공급을 맞추는 것이다.
자신이 원하는 바를 이루기 위해 떠나다.

여섯 번째 놓인 카드 & 일곱 번째 놓인 카드: 부정적인 영향력.
주변에 대해 무관심한
당신이 생각하고 있는 일에 대한 결과를 통보받다,

여덟 번째 놓인 카드 & 아홉 번째 놓인 카드: 문제에 관한 질문자의 감정.
자연의 법칙
비밀스러운 접촉의 유혹에 주의하라,

Q: 행복, 축제

종합적인 해석:

연애에 직접적인 노력을 하고 있지 않으니 짝을 만날 수 없는 것은 당연하다. 이대로라면 당신은 새로운 사랑을 만날 수 없다. 세상의 반이 이성이 아니기 때문에 만날 수 없다면 만날 수 있는 곳으로 떠나야 한다는 생각에는 동의하지만 지금처럼 주변에 무관심 하다면 연애의 먹구름은 사라지지 않을 것이다. 결국 남자에게는 여자. 여자에게는 남자가 생기는 것이 섭리라고 생각한다면 오산. 이상한 사람을 만나지나 않을까 하는 고민 또한 잘못된 생각이다. 노력하지 않는 자에게 결과란 없다. 연애도 그것은 마찬가지이다.

▶ 애정의 판단 기준은 질문자 자신이다. 4번+ 5번 위치 카드의 문제는 주변 위치의 카드에 강한 영향력을 행사한다. 주변의 조언이나 긍정적인 영향력을 자신의 힘보다는 약할 수 밖에 없다. 그 모든 것을 다시 한번 뒤집는 것이 6번+9번 위치 카드이다. 질문하는 순간은 이성적이나 판단의 순간에는 감정적이 되는 것이 당연하다. 그것이 모든 애정 문제의 핵심이다.

타로카드 스프레드

예 아니오 스프레드로 직업+ 비즈니스에 대해 질문 했을 때

첫 번째 놓인 카드 : 질문에 대한 대답
역방향 : 아니오.

두 번째 놓인 카드 & 세 번째 놓인 카드: 긍정적인 영향력
계획했던 대로 이사를 하다. 이익을 예상하다,

네 번째 놓인 카드 & 다섯 번째 놓인 카드: 문제에 대한 질문자의 생각
물질적인 면에서의 중용은 수요와 공급을 맞추는 것이다.
스스로 노력하여 독립하다.

여섯 번째 놓인 카드 & 일곱 번째 놓인 카드: 부정적인 영향력.
어차피 해고 당할 직장. 지금까지와는 달라지는 환경 혹은 시험의 조건.

여덟 번째 놓인 카드 & 아홉 번째 놓인 카드: 문제에 관한 질문자의 감정.
당신의 샘솟는 의지와 창의력, 작은 권력에 탐닉하다,

Q: 행복, 축제

종합적인 해석:
　질문에 대한 답이 "아니오."라고 하면 질문자는 놀라워 할 지도 모른
다. 수많은 계획이 멋지고 현란하게 준비되어 있었으니까. 그럼에도 불구
하고 그 계획으로 얻을 수 있는 결과는 사소하고 별것 아니라는 것이 질
문자의 슬픔이 될 것이다. 독립하거나 분리해서 좋을 때가 있고 아닐 때
가 있는데 지금은 때가 아니다.

◆ 예 or 아니오. 스프레드의 핵심

첫 번째 놓인 카드는 예 or 아니오. 스프레드의 핵심. 첫 번째 카드에 질문의 대답이 정방향이냐 역방향이냐에 따라 나머지 카드의 해석이 달라지기 때문에 이 카드는 꼭 정역을 사용할 수 있는 카드만을 사용해야 하고 정역이 나뉘어 질 수 있도록 카드를 섞어 주어야 한다. 이 카드의 핵심은 정 방향과 역방향이다. 따라서 정방향과 역방향의 개념을 가지고 있지 않다면 사용할 수 없다.

♥ 예 or 아니오. 스프레드의 문제점

보통 전체 카드를 조합해서 해석하게 되는데 첫 장에서 이미 결론을 단정하게 되기 때문에 전체적인 해석이 편협해지는 단점이 있다. 실제로 타로카드는 단정 짓는 것 보다는 여러 가지 방향을 다양하게 해석하는 것이 장점이다. 그러나 이러한 장점을 배제해야만 해석할 수 있는 특수성 때문에 웬만큼 노하우가 있는 타로리더가 아니라면 추천하기 어려운 스프레드 이다.

♥ 예 or 아니오. 스프레드의 장점

의외로 초보자에게 추천하는 사람도 있는 이유는 질문에 대한 대답을 명쾌하게 보여주기 때문이다. 이유나 과정 따위 소용없다 그냥 간단하게 예, 아니오. 를 원한다면 이보다 괜찮은 스프레드는 없을 것이다. 첫 번째 카드와 질문자 카드만 해석해도 질문에 대한 해석은 충분하다. 초보자가 자기 자신을 위해 질문 했다면 이 두장만으로 충분한 해답을 얻을 수 있으니 정말 좋은 스프레드가 될 것이다.

타로카드 스프레드

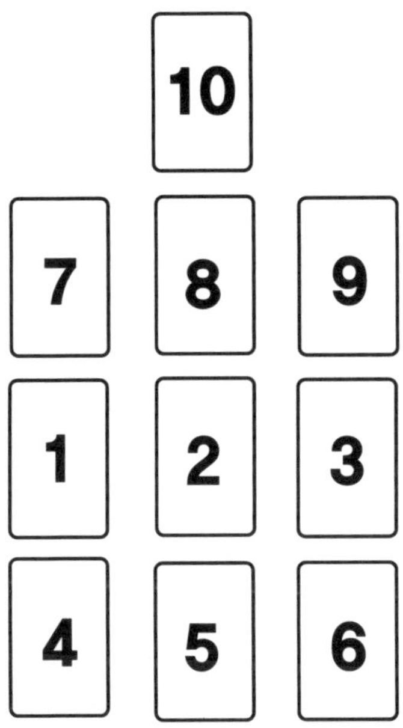

트리니티 스프레드 (Trinity Spread)

▶ 질문자의 대답을 마지막 카드가 가지고 있다.

▶ 1, 2, 3번은 원인에 해당된다.

▶ 내려놓는 순서가 독특하기 때문에 꼭 순서를 지켜 사용해야 한다.

Spread info: 스프레드 설명

첫 번째, 두 번째, 세 번째, 놓인 카드 : 과거
스프레드의 중심에 놓인 세장의 과거는 모든 것의 원인
세장의 내용이 각각 다를 때는 각각을 따로따로 원인으로. 내용이 연결
될 수 있을 때는 연결해서 해석

네 번째, 다섯 번째, 여섯 번째, 놓인 카드 : 현재
리더와 가장 가까운 곳에 놓인 3장의 카드는 현재. 여러 가지 상황을
설명하는 경우가 많기 때문에 질문자에게 모두 설명하고 설명을 기준으
로 삼을 것.

일곱 번째, 여덟 번째, 아홉 번째, 놓인 카드 : 미래
제일 멀리 놓인 3장의 카드는 아직 다가오지 않은 미래. 3장을 합쳐서
읽기 보다는 영향을 받았을 때의 여러 가지 방향의 미래로 따로 따로 해
석하는 것도 좋다. 가장 강한 영향을 가진 것은 가운데 놓인 8번 위치의
카드.

열 번째 놓인 카드: 종합 적인 결과.
외따로 놓인 한 장의 카드는 모든 카드에 영향을 받는 결과. 미래 위치
의 카드들과 연관지어 해석한다.

타로카드 스프레드

50. SADNESS (역)

23. OBSTACLES (역)   57. UNHELPFUL ADVICE (역)   76. LETTER (역)

44. THE FUTURE (정)   74. OBSTACLES (역)   60. ECONOMY (역)

11. CHANCE (정)   5. FALL (정)   15. RELAXATION (역)

사용 카드: 에띨라 타로카드

컵을 뒤집으면 내용물은 흘러나가지만 깨끗이 비워진다.
4개의 금전은 3개보다 많고 10개보다는 적다.
충분하지는 않지만 필요한 만큼은 가질 수 있다. 칼은 모두 나를 향한다.
방어하는 칼과 공격하는 칼의 숫자가 같을 때는 어느 쪽도 이기지 못한다.
힘을 가진 여왕이 못본 체 해줄 지도 모른다.
원은 어느 방향으로 돌려도 결과가 같다.
도와줄 수 없으면서 떠드는 사람들의 이야기는 조언일 수 없고
퍼질 만한 소문은 무엇으로 막아도 돌아다니기 마련이다.
결국 칼은 왕이 잡고 있다.

첫 번째, 두 번째,세 번째, 놓인 카드 : 과거

44. THE FUTURE 정

과거: 과거가 당신에게 좋은 의미라면 추억을, 당신에게 과거가 나쁜 것이라면 지나간 일을 의미할 수도 있겠다. 좋은 추억과 노력했던 과거를 기억하라는 뜻으로 해석될 수 있고 그 반대로 과거를 깨끗이 잊으라는 당신을 위한 충고 일 수도 있다.

74. OBSTACLES 역

장애물: 장애물은 매우 사소한 것이다. 이겨나갈 수 없을 정도의 장애물이 아니다. 충분히 노력에 따라서 벗어날 수 있는 장애물이다. 작은 돌멩이가 발에 채이더라도 당신이 길을 벗어나게 되지 않는 것처럼 지금 일어나는 일은 당신의 미래에서 볼 때 보잘것없는 일이다. 강이 얕은지 깊은지 확인해 보는 것이 어떨까.

60. ECONOMY 역

절약: 이것은 금전적인 절약에서부터 쓸데없는 행동을 자제하라는 '자제력' 까지의 모든 것을 포함한다. 선택조차 절제해야 한다. 당신에게 폭풍 같은 시간이 닥치게 될 것이다. 그전에 당신에게 절약의 연습이 필요

타로카드 스프레드

하다. 새로 일을 시작하는 것은 금물. 하던 일을 정리하는 것도 잠시 보류해야한다.

11. CHANCE 정

기회(대부분의 질문에 있어서 행운) : 당신이 '행동'할 예정이라면 그 예정(또는 계획)은 잘 진행될 것이다. 좋은 운이라고 해서 지금에서야 무언가 하겠다고 생각한다면 당신의 게으름이 일을 망칠 것이다. 이것은 오랜 시간을 투자하여 당신이 준비한 것에 대한' 기회 '이다.

5. FALL 정

추락: 이 카드는 질문에 있어서 No 이다. 운명은 당신의 애처로운 눈빛을 외면하고 있다. 아직 당신의 때가 아니기 때문이다. 무언가를 하고 싶다면 조금 더 기다려라. 운명이 당신의 손을 들어줄 때까지.

15. RELAXATION 역

휴식(어떤 질문에서는 긴장풀기): 이 카드는 당신에게 가장 필요한 일은 달려들어 상대를 무너뜨리는 일이 아니라. 당신이 무너지지 않도록 스스로를 관리해야 할 때임을 말한다. 사람은 '때'에 맞는 일을 해야 하는데 지금은 '휴식' 이외에는 할 일이 없는 시기이다.

23. OBSTACLES 역

장애: 이 카드는 당신이 주변의 반대를 이겨내야 할 것을 예고한다. 특히 가족의 반대는 이겨내기 힘들 것이다. 당신이 지금까지 가지고 있던 주변의 울타리를 벗어나 독립해야 한다고 해석할 수 있다.

57. UNHELPFUL ADVICE 역

도움이 되지 않는 충고: 합리적이고 중립적인 사람만이 옳은 충고를 할 수 있다. 그러나 조언자를 자칭하는 사람들은 비뚤어진 편견을 가지고 있는 경우가 많다. 때문에 그 이야기들은 모두 잔소리일 뿐 어떤 도움도 되지 않는다. 당신에게 필요한 것은 혼자서 생각을 정리할 수 있는 시간과 여유. 모든 해답은 당신 안에 있다.

76. LETTER 역

소식: 소식에는 두 가지 종류가 있다. 당선, 취직, 결혼 등의 좋은 소식이 있고, 사망, 사고, 퇴사 통지 등의 나쁜 소식이 있다. 즐거운 소식보다는 당신을 충분히 괴롭게 만들 수 있는 소식일 수 있다. 순수하게 금전 일 때는 수입으로 볼 수 있다.

열 번째 놓인 카드: 종합 적인 결과.

50. SADNESS 역

슬픔: 당신에게 애도를 표한다. 당신이 겪는 슬픔은 타인이 위로한다고 해결되는 것은 아닐 것이다. 하지만 이 불행이 길지만은 않을 것이라고 한다면 위로가 될 수 있을까? 이 슬픔은 상실의 시간을 의미한다. 시간은 생각보다 빨리지나가고 당신의 슬픔의 시간도 종료될 것이다.

타로카드 스프레드

트리니티 스프레드로 금전에 대해 질문 했을 때

과거를 깨끗이 잊으라는 당신을 위한 충고 일 수도 있다.
충분히 노력에 따라서 벗어날 수 있는 장애물이다.
선택조차 절제해야 한다.

당신이 '행동'할 예정이라면 그 예정은 잘 진행될 것이다.
아직 당신의 때가 아니기 때문이다.
당신이 무너지지 않도록 스스로를 관리해야 할 때임을 말한다.

이 카드는 당신이 주변의 반대를 이겨내야 할 것을 예고한다.
도움이 되지 않는 충고
순수하게 금전 일 때는 수입으로 볼 수 있다.

당신에게 애도를 표한다.

종합적인 해석:

금전운의 해석에서 과거는 경험이나 노력에 관한 것이 아니면 중요하지 않다. '옛날에 돈이 많았다.'가 뭐가 그리 중요하겠는가. 따라서 과거의 경험이나 노력의 유무를 기준으로 해석해야 하는데 그나마도 잊어버리라는 걸 봐서는 과거가 좋았는데 현재는 그렇지 않거나 과거도 그리 좋지 못했음을 알 수 있다. 두 번째로 현재의 카드가 '때'에 관해 이야기를 하고 있는데 행동은 미래에 해야 하고 지금은 때가 아니며 지금은 자중하라는 조언을 하고 있다. 결국 과거에 돈이 있고 없고를 떠나 현재는 충분한 돈을 가지고 있지 않다는 것. 지금은 돈을 벌 때가 아니라 앞으로 돈벌 준비를 하는 때라는 뜻. 미래의 카드들도 그리 밝지는 않은 편이다. 반대를 이겨내야 하고 주변의 쓸데없는 충고를 골라내야 하며. 돈을 기준으로 한다면 수입은 있다. 그런데 최종결과는 '애도를 표함' 종합적으로 이렇게 해석 할 수 있다.

과거는 중요하지 않다. 현재의 노력의 결과는 결국 미래를 바꿔줄 것이다. 놀고먹지 않는 한 수입은 생길 것이지만 만족할 만큼은 아닐 수 있고 불만이 질문자를 가득 채울 수도 있다. 주변의 수많은 충고와 조언 중에서 딱 맞는 것을 찾아내기 힘들다면 그냥 듣지 않은 것도 좋은 방법 중 하나이다. 지금은 당신의 판단이 중요하기 때문이다.

▶금전의 문제는 현재와 미래가 일치하는가 바뀌는 가에 달려있다.
현재가 좋지 못한 경우 개선의 가능성에 대해 판단할 수 있어야 하고 그 반대로 현재가 좋다면 계속 좋을 것인지 알아내야 한다. 현재의 전망 방향이 상승곡선이 아닌 이유를 질문자에게 설면할 수 있는 위치는 과거의 카드들이다.

타로카드 스프레드

트리니티 스프레드로 애정에 대해 질문 했을 때

첫 번째, 두 번째,세 번째, 놓인 카드 : 과거
과거가 당신에게 좋은 의미라면 추억을,
충분히 노력에 따라서 벗어날 수 있는 장애물이다.
새로 일을 시작하는 것은 금물.

네 번째, 다섯 번째, 여섯 번째, 놓인 카드 : 현재
좋은 운이라고 해서 지금에서야 무언가 하겠다고 생각한다면 당신의
게으름이 일을 망칠 것이다.
무언가를 하고 싶다면 조금 더 기다려라. 운명이 당신의 손을 들어줄
때까지.
지금은 '휴식' 이외에는 할 일이 없는 시기이다.

일곱 번째, 여덟 번째, 아홉 번째,놓인 카드 : 미래
당신이 지금까지 가지고 있던 주변의 울타리를 벗어나 독립해야 한다
고 해석할 수 있다.
조언자를 자칭하는 사람들은 비뚤어진 편견을 가지고 있는 경우가 많다.
당신을 충분히 괴롭게 만들 수 있는 소식일 수 있다.

열 번째 놓인 카드: 종합 적인 결과.
슬픔: 당신에게 애도를 표한다.

종합적인 해석:

애정운에서 과거는 연애경험의 유무를 말한다. 가장 최근의 경험이 좋은 것 이었는가 나쁜 것 이었는가도 말해준다. 연애점의 해석에서 기준이 되는 것이 바로 이것이다. 경험이 있는가. 있다면 추억인가 악몽인가에 따라 현재 새로운 연애에 대한 질문자의 관점이 정해지기 때문이다. 이것을 기준으로 볼 때. 질문자는 연애경험이 있고 최근의 연애경험이 좋지 못한 결말로 끝났음을 알 수 있다. 현재의 카드는 질문자의 상태를 보여준다. 마음의 준비가 되어있지 않고 아직 좋은 때가 아니며 그냥 쉬어라. 라고 말하는 것을 보아서는 마음의 상태도 좋은 편은 아니다. 미래의 카드들은 현재 상태가 그대로 지속되었을 때의 전망을 보여주는데 그 전망에 주변사람들과 관련된 이야기가 두 번 언급 되는 것으로 보아 실패이유가 주변의 지나친 간섭 때문 일 수 있다.

연애는 혼자서 하는 것. 주변의 이야기는 연애에는 방해가 될 뿐 도움이 되지 않는다. 연애의 고수란 존재하지 않는다. 각자의 연애는 모두 달라서 다른 사람의 이야기란 이야깃거리일 뿐이다. 이 대로라면 연애운의 변화란 없다.

▶ 같은 방식의 결말이 반복되는 이유는 과거에서 찾아야 한다. 과거와 현재의 일치점을 찾는다면 애정 운은 상승곡선에 돌입할 수 있다.

타로카드 스프레드

트리니티 스프레드로 직업+비지니스에 대해 질문 했을 때

과거를 깨끗이 잊으라는 당신을 위한 충고 일 수도 있다.
장애물은 매우 사소한 것이다.
하던 일을 정리하는 것도 잠시 보류해야한다.

오랜 시간을 투자하여 당신이 준비한 것에 대한' 기회 '이다.
이 카드는 질문에 있어서 No 이다.
당신이 무너지지 않도록 스스로를 관리해야 할 때임을 말한다.

이 카드는 당신이 주변의 반대를 이겨내야 할 것을 예고한다.
특히 도움이 되지 않는 충고
당신을 충분히 괴롭게 만들 수 있는 소식일 수 있다.

슬픔: 당신에게 애도를 표한다.

종합적인 해석:
　직업 비지니스에서 과거는 경력. 또는 쌓아놓은 경험. 마지막으로 질문
자의 능력을 판단할 수 있는 힌트가 주어진다. 과거에 현재와 같은 상황
을 경험 했는가 경험하지 않았는가에 관련된 부분도 판단이 가능하다. 현
재는 선택 가능한 모든 것을 보여준다. 긍정적인 것과 부정적인 것 모두
보여줄 수 있다. 선택 가능 한 것은 말 그대로 선택 가능한 모든 것이다.

미래는 현재상태가 유지되었을 때. 주로 과거를 바탕으로 한 미래를 보여주게 되는데 현재의 선택에 따라 달라지는 여러 가지의 미래를 다양하게 보여주기도 하기 때문에 가능한 모든 미래를 해석하는 것이 좋다.

과거의 추억은 현재의 도움이 될 수 있다. 직업과 비즈니스에서 경험은 긍정적이거나 부정적이거나 현재에 도움을 주기 마련이다. 질문자의 문제는 주변상황에 대한 반응이 빠르지 않다는 점. 휴식은 언제나 질문자에게 좋은 것을 제공한다. 때가 오지 않았을 때 시작하면 고생하기 마련이다. 쉬는 것도 좋을 때가 있다. 질문자에게 정보를 제공하는 사람에게 주의해야 하는 것은 당연하다. 모든 것이 그대로 전달되지 않기 때문이다. 질문자에게 좋은 미래가 오려면 빠른 정보수집과 그에 걸 맞는 재빠른 행동이 있어야 한다. 질문자가 느리기 때문에 아직까지 좋은 결과를 가지지 못한 것이다.

▶ 비지니스의 무제는 과거 위치에서 나온다. 준비 상태, 경험.
질문자의 판단 능력 등에 대한 과거시점의 설명은 중요한 부분이다. 과거에서 부터 지속된 상태에 개입하는 문제점들은 쉽게 제거가 가능하다. 가장 큰 문제는 과거부터 지금까지 반복된 것이다.

타로카드 스프레드

◆ 트리니티 스프레드의 핵심

트리니티 스프레드의 핵심은 과거. 과거의 3장의 카드가 모든 것에 영향을 준다는 것이 트리니티 스프레드의 핵심이다. 따라서 해석을 할 때도 통상 과거를 기준으로 해석하게 되는데 그것은 시작이 반이다. 라는 속담과도 연결될 수 있다.

♥ 트리니티 스프레드의 문제점

가장 중심에 있는 것이 과거. 그리고 그 과거에 대한 해석이 미래와 현재에도 영향을 미치기 때문에 충분히 검토하지 않고 리딩을 시작하면 결과적으로 이해할 수 없는 해석이 될 수 있다. 통상적으로는 과거와 완전히 다른 미래가 존재할 수 없지만 현재 질문자가 극심한 변화를 겪고 있는 상황이라면 미래가 현재나 과거와는 달라진다. 해석에 어려움을 겪지 않으려면 이점을 꼭 고려해야 한다.

♥ 트리니티 스프레드의 장점

한결같고 변함없는 질문자에 대해 변화의 일퇴(!)를 주고 싶다면 최고의 스프레드 언제나 똑같이 행동하는 자신을 깨닫게 해주는데도 좋은 스프레드 이다. 현재가 좋지 않다면 그 원인을 밝히는 데는 최고의 스프레드가 된다. 일명 버릇고치기 스프레드.

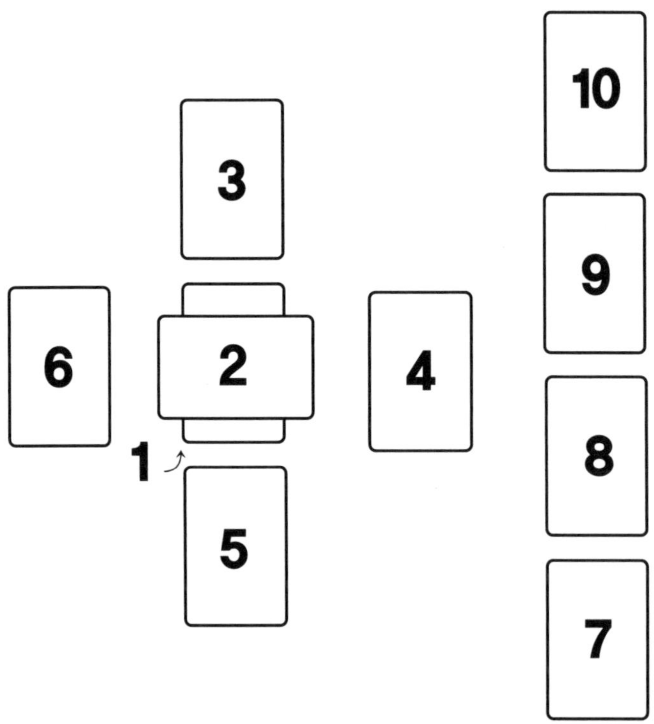

켈틱 크로스 스프레드(Celtic Cross Spread)

▶ 가장 대중적으로 알려진 대형 스프레드 중 하나.
   가장 까다로운 스프레드 중 하나이다.

▶ 켈틱 크로스에는 여러 가지 스프레드 법이 있는데
   모두 첫 번째 카드가 질문자 이다.

타로카드 스프레드

첫 번째 놓인 카드 : 현재의 상황 (Present Position) : 질문자는 어떤 환경을 가지고 있는가. 환경 요인은 어떤 것이 있는가.

가장 근본적인 원인 = 질문자 질문자의 성격(많은 것의 원인이 되는), 금전상태, 가족관계, 직장에서의 생활 등

두 번째 놓인 카드 : 당면한 영향 (Immediate Influence) : 질문자를 직접적으로 자극하는 것들과 그것으로 인한 영향

흔히 '장애물' 카드라고 부르며 질문자가 결과를 얻기 위해 제거해야 하는 환경, 질문자가 해내야하는 의무. 직업. 일등.

세 번째 놓인 카드 : 가까운 미래 (Goal or Destiny): 질문자가 원하는 결과와 가장 가까운 것

질문자가 최선을 다했을 때 얻을 수 있는 최상의 것. 2번 위치 카드에 대한 질문자의 태도에 따라 달라질 수 있다.

네 번째 놓인 카드 : 먼 과거, 배경 (Distant Past): 사건의 원인이 된 과거

인간관계라면 과거의 사건을, 사업적인 측면이라면 과거에 이미 질문자에게 전달되었던 경고를 말합니다. 인물을 뜻하기도 함.

켈틱
크로스
스프레드

다섯 번째 놓인 카드 : 가까운 과거 (Recent past) : 현재와 가까운 미래의 일들

질문의 내용이 진행되는 과정. 질문한 시점을 중심으로 사건의 전개를 보여주는 위치. 질문자가 질문한 시점의 가장 가까운 과거를 통해 가장 가까운 미래를 예측 할 수도 있다. 가장 가까운 과거는 질문자가 질문을 하게 된 이유를 보여주기도 한다.

여섯 번째 놓인 카드 : 목표, 목적, 이상 (Future influence) : 가까운 시일에 일어날 일 또는 그로 인한 영향.

가까운 시일 안에 일어날 사건으로 인한 영향 또는 그 영향으로 질문자가 어떻게 변화 할 것인가. 질문자가 진짜 원하는 것은 무엇인가. 질문자는 주변의 영향으로 인해 목표나 이상을 바꾸지는 않을 것인가?

일곱 번째 놓인 카드 : 질문자의 영향 (The Questioner) : 가장 중요한 카드들 중 하나로 질문자 자신의 기준을 상징.

질문자가 세상을 보는 시선. 질문자가 사건의 원인이라면 더 철저하게 드러날 수 있다. 문제는 7번 위치의 카드가 질문자를 기준으로 하기 때문에 많은 영향을 끼치지만 질문자가 인정하지 않으면 상황이 개선되지 않을 수 있다.

여덟 번째 놓인 카드 : 환경적인 영향 (Environmental Factors) : 2번 위치가 직접적이었다면 8번 위치는 간접적인 영향을 미치는 카드이다.

간접적인 영향은 사회적인 환경. 지역특성(출신지역), 거주지역의 특성을 포함하는데 어느 학교 출신인가. 어느 지역 출신인가. 현재 어디에 거주하고 있는가는 환경적 영향에 중요한 부분이다. 이러한 영향은 지속적으로 영향을 주지만 질문자는 그 영향력의 중요성을 깨닫지 못하는 경우가 많다.

타로카드 스프레드

아홉 번째 놓인 카드 : 태도, 느낌, 감정 (Inner Emotions) : 질문자가
원하는 것, 실현에 대한 두려움.

질문자의 태도. 상황을 받아들이는 방어기제. 질문자는 원하지 않는 상
황이 다가올 것을 예측 했을 때 어떻게 반응하는 가. 질문자가 가진 감정
의 바탕을 표현할 수도 있다.

열 번째 놓인 카드: 최종결과 (Final Result): 현재 상황에서 가장 좋은
선택.

최종결과는 현재 상황이 지속되었을 때 그나마 가장 긍정적인 결과를
말한다. 또는 질문자가 선택할 수 있는 최선의 선택을 보여주기도 한다.
모든 것은 질문자가 할 수 있는 일. 혹은 질문자가 선택할 수 있는 일인가
에 달려있다.

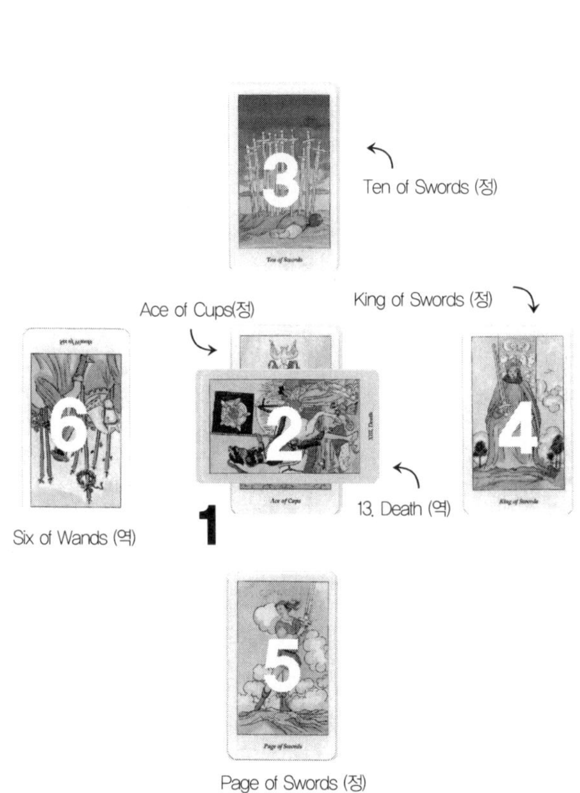

사용 카드: 베이직 웨이트 타로카드

모든 것이 완벽하다면 잔을 가득 채워도 좋다.
죽음은 삶의 변화일 뿐 그 이하도 이상도 아니다.
변화의 시기는 누구에게나 고통스럽기 마련이다.

열개가 꽉 채워진 칼은 시간의 종결을 의미한다.
칼자루를 잡은 것은 당신이 아니라 다른 사람들.
작은 유혹에 넘어가 큰 것을 놓친 스스로를 원망하라.

패배하지 않으려고 노력하는 것보다는 이기기 위해 노력하라.
지금의 소심함은 결국 패배를 부를 수 있다.
큰 것은 아니지만 작은 것은 가질 수 있다는 것에 희망을 가져라.
지금은 달릴 수 있다. 당신의 때가 도래했기 때문이다.
주변의 지지는 당신의 힘을 더 강하게 할 것이다.

두려워하지 말라.
공포는 빈틈을 타고 들어와 당신을 무너뜨릴 것이다.
이겼다고 힘에 취하지 말라. 힘을 지배하는 것은 힘에 취한
시종이 아니라 힘을 제어할 수 있는 제왕이다.

극적인 변화의 시간이 극적인 승리를 낳는 것은 당연하다.
고통의 시간이 커질수록 기쁨의 시간을 맞이하는
당신의 기쁨도 배가될 것이다.

고통의 시간을 얼마나 견뎌낼 수 있는가는
당신의 능력을 가늠하는 잣대가 될 것이다.
포기하지 않는 다면 가장 큰 것을 가질 수 있다.

때가 될 까지 당신의 힘을 비축하라.
그리고 때가 되면 걷는 것이 아니라 달려야 한다.
지금과 같은 게으름은 강한 당신도 패배시킬 것이다.

271

첫 번째 놓인 카드 : 현재의 상황 (Present Position) :

Ace of Cups **정**

간단키워드 : 즐거운 가정, 당신에게 많은 것을 주는 집.

화목하고 즐거운 가정, 끝없는 기쁨, 당신의 즐거운 집, 당신을 살찌우는 맛있는 음식들, 당신을 정신적으로 성숙하게 하는 책들, 당신을 기쁘게 하는 당신의 자녀들과 가족들.

두 번째 놓인 카드 : 당면한 영향 (Immediate Influence) :

13. Death **역**

간단키워드 : 끝났다는 말이 결말이 났다는 말은 아니다.

진행이 보이지 않는, 움직이는 것을 좋아하지 않는, 아무 생각이 없는.

세 번째 놓인 카드 : 가까운 미래 (Goal or Destiny) :

Ten of Swords **정**

간단키워드 : 고통과 슬픔, 그러나 단기적인

질문자와 관련된 모든 것은 현재 고통과 재난이다. 혼자서 견뎌내야 하는 고통이 절망적일지라도 미래는 기대해도 좋다. 빠른 시간 내에 상황은 바뀔 것이다.

타로카드 스프레드

네 번째 놓인 카드 : 먼 과거, 배경 (Distant Past):

King of Swords 정

간단키워드 : 정당한 자신의 권력으로 명령을 하더라도 기준에서 벗어났다면 결과는 좋지 않을 것이다.

당신에게 명령하는 사람, 하지만 그 명령이 모두 옳은 것은 아니다. 당신의 힘 또는 당신이 복종하고 있는 힘은 현재 옳지 못한 방향으로 가고 있다. 당신을(혹은 당신이) 휘두르는 명령은 힘과 권위를 바탕으로 한 것이다.

다섯 번째 놓인 카드 : 가까운 과거 (Recent past) :

Page of Swords 정

간단키워드 : 작은 권력, 혹은 그것을 얻기 위한 노력.

작은 권력에 탐닉하다, 비밀스러운 접촉의 유혹에 주의하라, 시험에 능한 특별한 재능.

여섯 번째 놓인 카드 : 목표, 목적, 이상 (Future influence) :

Six of Wands 역

간단키워드 : 당신은 표면적인 것을 원하는 게 아니지 않는가?

질 것 같은 불길한 예감, 패배를 부르는 모든 요소들, 배신, 충정을 가지지 않은 부하나 후배, 말을 아끼지 않는 친구들, 말로써 상처 주는 주변 인물들.

일곱 번째 놓인 카드 : 질문자의 영향 (The Questioner) :

Ace of Wands 역

간단키워드 : 성공할 가능성이 더 높다, 실패한다고 해도 이것은 성공의 기반이 될 것이다.

행운의 별이 당신의 머리 위에서 떠나다, 사회적인 삶에서 소외되다, 약간의 소득을 얻었지만 안심할 수 없다.

여덟 번째 놓인 카드 : 환경적인 영향 (Environmental Factors) :
7 The Chariot 정
간단키워드 : 지나치지 않는다면 이익을 얻을 수 있다.
모든 것은 신의 의지대로, 모든 것은 자연의 섭리대로, 전쟁이 시작되다, 경쟁에서 승리를 획득하다, 이익을 예상하다, 당한 만큼 갚다 (내가 행동한 만큼 당하다)

아홉 번째 놓인 카드 : 태도, 느낌, 감정 (Inner Emotions) :
18 The Moon 정
간단키워드 : 달빛은 모든 것을 신비롭게 보여준다. 숨겨진 것은 적과 손실의 상황이다.
의외의 적, 프로젝트를 위협하는 모든 위험들, 악의적인 소문, 잘못된 선택.

열 번째 놓인 카드: 최종결과 (Final Result):
11 The Strength 역
간단키워드: 내제된 에너지는 어디로 흘러갈지 모르는 것, 조절할 수 있는 자가 승리자다.
권력의 힘에 빠져 독재적인, 겉보기와는 달리 마음이 나약함, 권력을 가진 자로 인해 일어나는 분열과 내분.

타로카드 스프레드

켈틱 크로스로 금전운에 대해 질문 했을 때

첫 번째 놓인 카드 : 현재의 상황 (Present Position) :
끝없는 기쁨,

두 번째 놓인 카드 : 당면한 영향 (Immediate Influence) :
아무 생각이 없는.

세 번째 놓인 카드 : 가까운 미래 (Goal or Destiny):
질문자와 관련된 모든 것은 현재 고통과 재난이다.

네 번째 놓인 카드 : 먼 과거, 배경 (Distant Past):
당신의 힘 또는 당신이 복종하고 있는 힘은 현재 옳지 못한 방향으로
가고 있다.

다섯 번째 놓인 카드 : 가까운 과거 (Recent past) :
작은 권력에 탐닉하다

여섯 번째 놓인 카드 : 목표, 목적, 이상 (Future influence) :
질 것 같은 불길한 예감

일곱 번째 놓인 카드 : 질문자의 영향 (The Questioner) :
약간의 소득을 얻었지만 안심할 수 없다.

여덟 번째 놓인 카드 : 환경적인 영향 (Environmental Factors) :
모든 것은 자연의 섭리대로

아홉 번째 놓인 카드 : 태도, 느낌, 감정 (Inner Emotions) :
잘못된 선택.

열 번째 놓인 카드: 최종결과 (Final Result):
권력의 힘에 빠져 독재적인,

종합적인 해석:

운명은 노력하지 않는 자에게도 떡 하나를 더 주는 경우도 있다. 바로 질문자의 경우와 같은 것이 그것이다. 질문자는 공짜로 주어진 것들에 만족하고 그것을 즐기는 중이다. 아마도 당분간은 지속될 즐거움에 대해 질문자는 만족하고 있다. 즉 질문자의 금전상태는 현재 그리 나쁘지 않으며 과거에도 나쁘지 않았다. 문제는 그것이 스스로 돈을 번 것이 아니라는데 있다. 돈을 벌어 본 적이 없으니 어떻게 벌어야 할지도 모르고 어떻게 써야 할지 모르는 것은 더더욱 큰 문제가 될 수 있다. 언제까지 부모나 주변 사람들의 도움을 받으며 즐길 수는 없기 때문이다. 그 때가 멀지 않았다는 것을 질문자도 잘 알고 있다. 슬슬 징조가 나타나기 시작했기 때문이다. 그래서 질문하게 된 것이다. 질문자는 스스로 돈을 벌고 싶다는 욕심을 가지기 시작했다. 그것은 긍정적인 영향이 될 수도 있고 그 반대가 될 수도 있다. 현재로서는 먼 미래에 있어서는 긍정적이나 짧은 미래에 있어서는 부정적이다. 작은 실패는 큰 성공을 부를 수도 있다. 질문자에게는 경험이 필요하다. 그것도 아주 다양한. 질문자가 선택한 경험이 최종적으로는 질문자에게 좋은 도움이 될 것이다. 질문자는 먼 미래에 타고난 재능으로 많은 이익을 얻게 될 것이다. 그 때에도 지금처럼 돈에만 매달리지 않고 돈을 다룰 줄 아는 사람이기를 바란다.

타로카드 스프레드

켈틱 크로스로 애정운에 대해 질문 했을 때

첫 번째 놓인 카드 : 현재의 상황 (Present Position) :
끝없는 기쁨,

두 번째 놓인 카드 : 당면한 영향 (Immediate Influence) :
아무 생각이 없는.

세 번째 놓인 카드 : 가까운 미래 (Goal or Destiny):
질문자와 관련된 모든 것은 현재 고통과 재난이다.

네 번째 놓인 카드 : 먼 과거, 배경 (Distant Past):
당신의 힘 또는 당신이 복종하고 있는 힘은 현재 옳지 못한 방향으로
가고 있다.

다섯 번째 놓인 카드 : 가까운 과거 (Recent past) :
작은 권력에 탐닉하다

여섯 번째 놓인 카드 : 목표, 목적, 이상 (Future influence) :
질 것 같은 불길한 예감

일곱 번째 놓인 카드 : 질문자의 영향 (The Questioner) :
약간의 소득을 얻었지만 안심할 수 없다.

여덟 번째 놓인 카드 : 환경적인 영향 (Environmental Factors) :
모든 것은 자연의 섭리대로

아홉 번째 놓인 카드 : 태도, 느낌, 감정 (Inner Emotions) :
잘못된 선택.

열 번째 놓인 카드: 최종결과 (Final Result):
권력의 힘에 빠져 독재적인,

종합적인 해석:
현재의 연애는 나쁘지 않다. 질문자의 주변에는 충분한 인적자원이 존재하고 짧고 즐거운 인연에 만족하는 질문자에게 계속해서 새로운 인연이 존재할 것이다. 그것으로 만족하는가? 문제는 질문자의 나이가 될 것이다. 언제까지나 어리고 즐거운 이십대 초반으로 존재할 수는 없으니까. 시간은 유수와 같고 눈 밑에 주름지기 시작하면 인적자원은 둘째 치고 주변의 압박이 들어오기 시작한다. 매일 그렇게 놀다가는 좋은 사람 다 놓치고 아무하고나 결혼하게 될 지도 모른다는 두려움을 질문자도 가지고 있다. 그런 마음이면 충분하다. 미래에 대한 두려움을 가지고 있다면 스스로 바뀔 수 있다. 좀 덜 놀고 덜 만나고 꼼꼼하게 사람들을 살피기 시작한다면 친구들이 청첩장 날릴 때마다 본전을 언제 거두나 걱정하는 비참한 지경에 놓이지는 않을 것이다. 현재의 행동이 잘못되어 있다는 것을 스스로 알고 있으니 스스로 고칠 수 있으리라 생각한다. 될 대로 되라는 생각은 금물. 운명은 발 빠른 자와 노력하는 자의 것이다. 연애도 마찬가지이다. 많이 만나는 것도 중요하지만 그 많은 사람 중에서 진짜 인연을 찾아내는 것도 중요하다. 연애는 다다익선(多多益善)이 정답이 아니다. 한번에 성공하는 사람들의 성공담에도 귀를 기울여라.

켈틱 크로스로 직업+ 비즈니스에 대해 질문 했을 때

첫 번째 놓인 카드 : 현재의 상황 (Present Position) :
당신을 기쁘게 하는 당신의 자녀들과 가족들.

두 번째 놓인 카드 : 당면한 영향 (Immediate Influence) :
진행이 보이지 않는,

세 번째 놓인 카드 : 가까운 미래 (Goal or Destiny):
질문자와 관련된 모든 것은 현재 고통과 재난이다.

네 번째 놓인 카드 : 먼 과거, 배경 (Distant Past):
힘은 현재 옳지 못한 방향으로 가고 있다.

다섯 번째 놓인 카드 : 가까운 과거 (Recent past) :
작은 권력에 탐닉하다,

여섯 번째 놓인 카드 : 목표, 목적, 이상 (Future influence) :
배신, 충정을 가지지 않은 부하나 후배, 말을 아끼지 않는 친구들, 말로써 상처 주는 주변 인물들.

일곱 번째 놓인 카드 : 질문자의 영향 (The Questioner) :
약간의 소득을 얻었지만 안심할 수 없다.

여덟 번째 놓인 카드 : 환경적인 영향 (Environmental Factors) :
당한 만큼 갚다 (내가 행동한 만큼 당하다)

아홉 번째 놓인 카드 : 태도, 느낌, 감정 (Inner Emotions) :
악의적인 소문

열 번째 놓인 카드: 최종결과 (Final Result):
권력을 가진 자로 인해 일어나는 분열과 내분.

종합적인 해석:

현재의 비즈니스의 상태는 아주 좋다. 그러나 비즈니스는 정체되어 있는 것이 아니라 계속 발전을 거듭해야만 한다. 회사는 확장되고 매출은 늘어나야 하고 직원이 늘어나야 하며 더욱 유명해져야 한다. 비즈니스란 그런 것이다. 그런데 지금 질문자가 질문을 하게 된 것은 정체기에 놓여 있기 때문이다. 사업은 발전하지 못하면 퇴보하기 마련이다. 그 이유는 여러 가지 있는데 단기적인 효과를 노려 장기적인 계획을 세우지 못했기 때문이다. 여섯 번째 카드는 부정적인 경우 반대로 해석하게 되는데 당신의 이상향에 반하는 부정적인 직원들이 사업의 방해로 작용하고 있다. 현재는 그것을 직접 막을 수 있을 정도로 작용이 미미하나 제대로 컨트롤하지 않으면 인적인 피해는 사업을 파괴 할 정도로 강한 영향력이 질문자의 사업에 밀어닥칠 것이다. 인적인 문제는 쉽게 해결할 수 없고 해결하지 못하면 모든 사업은 기반까지 흔들리게 된다. 지금 바로 당신의 비즈니스 안에 숨어있는 뱀 같은 족속들을 처리하라 그렇지 않으면 단기간의 손해가 아니라 장기간의 손해로 인해 사업을 포기하게 될 지도 모른다.

타로카드 스프레드

◆ 켈틱 크로스 스프레드에 대해

켈틱 크로스 스프레드는 약 10년 정도 유행하고 있는 스프레드로 질문 없이 다양한 관점에서 해석이 가능하기 때문에 많은 리더들에게 사용되어 왔다. 필자 개인적으로는 해석이 제한적이고 스프레드의 위치를 잘 파악해야 사용할 수 있기 때문에 많은 사람들에게 추천하는 간소하고 효과적인 스프레드는 아니자만 질문을 정리하지 못하는 질문자가 많은 요즈음에 있어서는 사주나 역학을 보듯 전체적인 방향을 보기에 적당하기 때문에 괜찮은 스프레드로 볼 수 있다. 켈틱 크로스 스프레드는 원래 6장으로 주변의 4장이 없거나 11장짜리 스프레드로 1장이 더 있는 것이 기본형이나 알려진 것은 10장의 형태이다. 10장의 형태 중 여러 가지 순서의 스프레드를 모두 소개하는 이유는 그저 위치의 순서가 바뀌는 것뿐인데 자신과 다르다고 상대방이 틀렸다고 서로 싸우는 리더들이 있었기 때문이다. 켈틱 크로스 스프레드는 자신의 점을 볼 때 가장 유리하다. 해석의 방향을 결정하기가 어렵기 때문이다. 질문자와의 커뮤니케이션이 무엇보다 중요한 어려운 고난이도의 스프레드 중 하나이다. 충분한 시간과 여유를 가지고 이 스프레드를 활용한다면 비밀에 접근할 수 있지만 행사장이나 영업장에서 제한된 시간으로 이것을 활용하기에는 적절하지 않다는 것을 말해 둔다.

저자 후기

「타로카드 스프레드」는 스프레드를 소개하는 것이 목적인 책으로, 해석은 스프레드를 이해하기 위해 만든 것이지 그 이상도 이하도 아니다. 실제적인 질문에 따른 해석 등은 중급자 이상을 위한 가이드북에서 다시 다루도록 하겠다.

해석하기 쉬운 스프레드도 있었고 좀 까다로운 스프레드도 있었지만 26개의 스프레드를 선정하는 과정과 그것을 설명하는 과정 모두 즐거운 경험이었다. 이것으로 타로카드를 사용하는 분들이 스프레드라는 방식을 통해 더 깊게 타로카드를 이해할 수 있도록 기대해본다.